살게 하신 하나님을 찬양합니다.

가스펠 프로젝트

신약 1

위대한 복음

청장년

지은이 · LifeWay Adults
옮긴이 · 송진순
감수 · 김병훈, 류호성, 신대현
초판 발행 · 2018년 4월 23일
2판 3쇄 발행 · 2025년 10월 30일
등록번호 · 제1988-000080호
등록된 곳 · 서울특별시 용산구 서빙고로65길 38
발행처 · 사단법인 두란노서원
영업부 · 02-2078-3333 FAX 080-749-3705
편집부 · 02-2078-3437
디자인 · 땅콩프레스

책값은 뒤표지에 있습니다.
ISBN 978-89-531-4696-9 04230 / 978-89-531-4582-5(세트)

가스펠 프로젝트 홈페이지 · gospelproject.co.kr
두란노몰 · mall.duranno.com

차례

I

The Rescue Begins

발간사

두란노서원을 통해 라이프웨이(LifeWay)의 《가스펠 프로젝트》 성경 공부 교재 시리즈를 발간할 수 있도록 인도하신 하나님께 감사드립니다. 험한 소리로 가득한 세상에 이 책을 다릿돌처럼 놓습니다. 우리 삶은 말씀을 만난 소리로 풍성해져야 합니다. 주님을 만난 기쁨의 소리, 진실 앞에서 탄식하는 소리, 죄를 씻는 울음소리, 소망을 품은 기도 소리로 가득해야 합니다.

《가스펠 프로젝트》는 신구약을 관통하는 예수 그리스도의 복음을 발견하고, 그 가르침을 삶에 적용하는 지혜를 얻도록 기획한 성경 공부 교재입니다. 어린아이부터 어른에 이르기까지 생애주기에 따른 복음 메시지를 잘 배울 수 있습니다. 또한 거짓 진리가 미혹하는 이 시대에 건강한 신학과 바른 교리로 말씀을 조명해 성도의 신앙이 좌로나 우로나 치우치지 않도록 돕습니다.

두란노서원은 지금까지 "오직 성경, 복음 중심, 초교파적 관점"을 바탕으로 한국 교회와 성도를 꾸준히 섬겨 왔습니다. 오직 성경의 정신에 입각해 책과 잡지를 출판해 왔으며, 성경에 근거한 복음 중심의 신학을 포기한 적이 없습니다. 그리고 교단과 교파를 초월해 교회와 성도가 하나님 나라를 바라볼 수 있도록 돕기 위해 노력해 왔습니다. 《가스펠 프로젝트》는 두란노가 지켜 온 세 가지 가치를 충실하게 담은 책입니다.

성경은 구원을 위한 책이며, 구원사의 주인공은 예수 그리스도입니다. 창세기부터 요한계시록까지 오직 예수 그리스도의 복음만을 전하는 《가스펠 프로젝트》 성경 공부 교재를 통해 복음의 은혜와 진리를 깊이 경험하고, 복음 중심의 삶이 마음 판에 새겨지기를 바랍니다. 그리고 예수 그리스도 복음에 굳게 선 한 사람의 영향력이 가정과 교회와 사회에 흘러감으로써 거룩한 하나님 나라가 확산되어 가기를 소망합니다.

두란노서원 원장 **이 형 기**

감수사

두란노가 출간하는 《가스펠 프로젝트》는 무엇보다도 전통적으로 교회가 풀어 온 흐름을 충실히 따라 성경을 해설하고 있습니다. 그리고 그 방향은 궁극적으로 예수 그리스도를 향해 나아가고 있습니다. 이것은 예수님이 구약과 신약의 모든 성경이 자신을 가리키고 있다고 하신 말씀에 비추어 매우 타당한 것입니다. 게다가 그리스도 중심적 해설을 무리하게 전개하지 않습니다. 각 본문에서 하나님의 구원 언약과 그것을 실현하시는 하나님을 드러내면서, 그리스도의 예표적 설명이 가능한 사건을 놓치지 않고 풀어내고 있습니다.

성경 공부 교재는 명시적으로 혹은 암시적으로 제시하는 교리적 진술이 교리 체계상 건전해야 합니다. 《가스펠 프로젝트》는 99개 조에 이르는 핵심교리들을 일목요연하게 제시해 교리의 건전성을 확인할 수 있도록 도움을 줍니다. 《가스펠 프로젝트》의 교리는 교파를 막론하고, 예수 그리스도의 복음에 충실한 복음주의 교회들에게 환영받을 만합니다. 물론 교파마다 약간의 이견을 갖는 부분들이 있을 수 있겠지만, 각 교회에서 교재를 활용하는 데는 무리가 없을 것입니다. 《가스펠 프로젝트》의 특징은 각 과에서 학습한 내용을 핵심교리와 연결해 주며, 그 결과 그리스도의 복음에 관련한 교리적 이해를 강화시킨다는 데 있습니다.

끝으로 《가스펠 프로젝트》는 어떤 성경 주해서나 교리 학습서가 갖지 못하는 훌륭한 장점을 가지고 있습니다. 그것은 학습자를 하나님과 그리스도의 복음 앞으로 이끌며, 자신의 신앙과 삶을 돌아보도록 하는 적용의 적실성과 훈련의 효과입니다. 아울러 본문과 관련해 교회사적으로 또 주석적으로 중요한 신학자와 목사의 어록과 주석을 제시하고, 심화토론 질문들(인도자용)과 선교적 안목을 열어 주는 적용 질문들을 더해 준 것은 《가스펠 프로젝트》에서 얻을 수 있는 큰 유익입니다.

추천할 만한 마땅한 성경 공부 교재를 찾기가 쉽지 않은 현실에서 《가스펠 프로젝트》는 성경을 개괄적으로 매주 한 과씩 3년의 기간 동안 일목요연하게, 그리고 그리스도 중심적으로 공부하도록 이끌어 준다는 점에서, 한국 교회의 기초를 성경 위에 놓는 일에 큰 공헌을 할 것으로 믿어 의심치 않습니다.

김병훈 _ 합동신학대학원대학교 조직신학 교수

하나님의 말씀이 임하는 곳에는 회복의 역사가 있어서 죽은 뼈들도 힘줄이 생기고 살이 오릅니다(겔 37:8). 그 자체에 능력이 있는(눅 1:37) 하나님의 말씀이 왕성해지면 정의와 사랑이 넘쳐나고(렘 9:24) 놀라운 부흥을 경험할 수 있습니다(행 6:7). 결국 그분의 말씀이 흘러넘칠 때에 악한 세력들은 모두 물러가고, 새 하늘과 새 땅이 우리에게 다가올 것입니다.

이를 위해 작은 등불의 역할을 할 《가스펠 프로젝트》는 다음과 같은 특징이 있습니다. 첫째는 성경 전체를 '그리스도 중심'으로 바라보며, 오실 그리스도(구약)와 오신 그리스도 그리고 앞으로 다시 오실 그리스도(신약)의 관점에서 구약성경과 신약성경을 서로 연결해 그 속에 담긴 놀라운 하나님의 구원 역사를 보게 합니다. 둘째는 같은 본문으로 교회와 가정 그리고 전

연령층에서 그리스도의 사랑을 배우게 하며 성숙한 그리스도인으로 성장하도록 이끌어 줍니다. 셋째는 신학적 주제와 기초 교리를 이해하기 쉽게 설명해 줍니다. 넷째는 배운 것을 복음의 씨앗을 뿌리는 선교와 연결하며 하나님이 주신 사명을 실천하도록 이끄는 것입니다.

그러므로 모든 교단과 교파를 초월해서, 하나님의 섬세한 구원의 손길과 그리스도의 숭고한 십자가의 사랑 그리고 거룩함으로 인도하는 성령님의 인도하심을 배울 수 있을 것입니다. 그래서 《가스펠 프로젝트》를 통해 하나님의 말씀이 한반도에 흘러넘칠 뿐만 아니라, 복음의 열정을 품고 전 세계로 향하는 많은 전도자를 세워 갈 것입니다.

류호성 _ 서울장신대학교 신약학 교수

✚ 《가스펠 프로젝트》는 성경 안에 나타난 하나님의 구원 계획-실행-완성이라는 일련의 진행을 잘 요약한 말입니다. 구원의 소식은 예수 그리스도께서 오셨을 때 비로소 전해진 것이 아니라 창세 이전에 그리스도 안에서 하나님의 지혜로 계획된 것입니다. 이 복음 계획은 구약 역사가 진행되면서 더 구체적으로 알려졌고, 하나님의 아들 예수 그리스도께서 이 땅에 오심으로써 완전히 드러났습니다. 이 복음으로 하나님의 백성이 모두 구원을 받을 것이며, 그제야 세상에 끝이 오고 하나님의 가스펠 프로젝트는 완성될 것입니다.

《가스펠 프로젝트》는 이러한 큰 그림을 염두에 두고 시대를 따라 진행되는 하나님의 구원 계획을 체계적으로 다루고 있습니다. 각 세션의 시작과 끝에 두 개의 푯대, 즉 '신학적 주제'와 '그리스도와의 연결'을 제시해 세션이 다루는 내용이 구원 역사의 큰 진행에서 어느 지점에 해당되는지 알려 줍니다. '신학적 주제'는 본문에서 하나님의 가스펠 프로젝트의 어느 지점에 주목해야 하는지 알려 주며, '그리스도와의 연결'은 이 지점이 가스펠 프로젝트 전체와 어떻게 연결되는지 확인시켜 줍니다. 가스펠 프로젝트의 부분과 전체를 아는 지식을 동시에 배워 가면서 이 시대를 향한 단기 비전과 앞으로 임할 하나님 나라에 대한 장기 비전을 함께 가질 수 있습니다. 《가스펠 프로젝트》는 이 비전들을 구체적으로 가질 수 있도록 매 세션 끝에 '하나님의 계획, 우리의 사명'을 두고 있습니다.

《가스펠 프로젝트》의 또 다른 큰 특징은 교회 안에 여러 세대를 그리스도 안에서 하나님의 말씀으로 연결해 준다는 것입니다. 장년, 청소년, 그리고 어린이들이 매주 동일한 본문 말씀을 배움으로써 그리스도 안에서 하나의 교회 전통을 세워 갈 수 있으며, 교회와 가정에서 동일한 하나님의 말씀으로 소통하며 언어가 같은 하나님 나라 백성의 삶을 체험할 수 있습니다.

《가스펠 프로젝트》는 성경의 한 부분에만 머물러 있는 우리의 생각을 그리스도 안에서 넓혀 주고, 분열된 세대들의 생각을 그리스도 안으로 모아 줍니다. 한국 교회 성도들이 《가스펠 프로젝트》를 통해 예수 그리스도를 아는 지식에서 자라 가고, 모든 믿음의 세대가 그리스도 안에서 아름다운 신앙의 전통을 이어 가는 일들이 일어나길 소망합니다.

신대현 _ 《가스펠 프로젝트》주 강사

추천사

우리 시대의 전 세계적 교회 부흥은 두 가지 샘을 가지고 있습니다. 한 샘은 오순절 부흥 운동의 샘입니다. 이 샘으로 많은 시대의 목마른 영혼들이 목마름을 해갈했습니다. 또 하나의 샘은 성경 연구의 샘입니다. 남침례교 주일학교 운동은 이 샘의 개척자입니다. 이 샘으로 지금도 많은 성도가 목마름을 해갈하고 있습니다. 미국 남침례교 라이프웨이 출판사는 이러한 사역을 충실히 감당해 왔습니다. 《가스펠 프로젝트》는 모든 필요를 공급하는 원천이 될 것입니다. 《가스펠 프로젝트》로 한국 교회의 목마름이 해갈되기를 기도합니다. 《가스펠 프로젝트》는 쉬우면서도 결코 피상적이지 않습니다. 믿음의 단계를 따라 하나님의 자녀들에게 꼭 필요한 복음의 진수를 맛보게 해 줄 것입니다. 이 체계적인 교재로 이 땅에 새로운 영적 르네상스가 일어나기를 기대합니다.

이동원 _ 지구촌교회 원로 목사, 지구촌 미니스트리 네트워크 대표

《가스펠 프로젝트》는 예수 그리스도 중심, 즉 복음 중심의 제자 양육 교재입니다. 복음은 구원하는 능력뿐만 아니라 삶을 변화시키는 능력입니다. 성도들을 변화와 성숙으로 이끌어 주는 귀한 교재가 조국 교회와 이민 교회에 소중하게 쓰임받기를 바랍니다. 특별히 이민 2세들은 영어 교재 원본을 사용할 수 있는 까닭에 큰 도움이 될 것입니다.

강준민 _ LA 새생명비전교회 담임 목사

성경은 예수 그리스도를 중심으로 하는 하나님의 구원 이야기입니다. 성경을 가르치는 일은 하나님의 구원에 동참하는 하나님의 사람을 만드는 일이며, 하나님의 사람의 탁월한 모델은 바로 예수 그리스도입니다. 《가스펠 프로젝트》는 예수 그리스도를 중심으로 성경을 배웁니다. 성경이 어떻게 그리스도와 연결되어 있는지, 또 성도의 삶이 그리스도를 중심으로 하는 하나님의 구원 계획에 어떻게 연결되어야 하는지 구체적으로 제시합니다.

특히 《가스펠 프로젝트》는 하나의 본문을 각 연령에 맞게 구성한 교재를 제공해 하나의 본문으로 전 세대를 연결하고, 가정과 교회를 하나 되게 합니다. 신앙의 전수가 중요한 시대에 성도와 교회와 가정이 한마음으로 다음 세대를 준비시키기에 적합합니다. 특히 가정에서 부모가 자녀와 말씀으로 대화를 나눌 수 있게 해 자녀 신앙 교육에 도움이 될 것입니다.

《가스펠 프로젝트》가 주일학교부터 장년에 이르기까지 전 교회와 성도의 각 가정에서 사용되어 예수 그리스도를 통한 하나님의 가스펠 프로젝트가 성취되기를 기도하면서 기쁨과 확신으로 추천합니다.

이재훈 _ 온누리교회 담임 목사

✝   하나님의 말씀은 생명을 살리고 힘 있게 하는 능력이 있습니다. 그래서 사역 현장에서는 그것을 효율적으로 전해 주고 가르칠 수 있는 좋은 방법과 교재에 늘 목말라합니다. 그런 점에서 연령대에 맞게 체계적으로 준비되어 사역 현장의 필요를 잘 충족해 줄 교재가 출간되어 기쁩니다. 사역의 현장에서 유용하게 활용되어 복음의 생명력과 역동성을 누리게 되기를 기대하며 추천합니다.

김운용 _ 장로회신학대학교 실천신학 교수

✝   성경은 하나님의 말씀입니다. 말씀 중의 말씀, 복음은 예수 그리스도이십니다. 《가스펠 프로젝트》는 하나님의 말씀으로 우리를 초청해서 예수 그리스도를 만나게 하고 사랑하게 만드는 훌륭한 교재입니다. 《가스펠 프로젝트》의 매력은 하나의 커리큘럼을 가지고 연령대에 적합하게 공부하도록 제공한다는 점입니다. 자녀들이 교회 학교에서, 부모들이 소그룹에서 말씀을 공부한 후 저녁 식탁에 둘러앉아 예수님에 관해 함께 나눌 수 있다는 것은, 상상만 해도 너무나도 멋지고 복된 일입니다.

김지철 _ 전 소망교회 담임 목사

✝   예수님은 친히 요한복음 5장 39절에서, 모든 성경은 예수님 자신에 대한 증거라고 말씀하셨습니다. 그럼에도 불구하고, 성도들은 그 속에서 예수님이라는 보석을 쉽게 찾아내지 못하고 있습니다. 《가스펠 프로젝트》는 신앙생활을 출발하는 어린이부터 장년까지 이런 눈을 활짝 열어 주는 놀라운 교재입니다. 요람에서부터 무덤까지 각 연령대에 맞게 구성된 《가스펠 프로젝트》성경 공부 교재를 통해, 한국 교회와 이민 교회가 잃어버린 예수님을 다시 발견함으로 견고하게 되기를 바랍니다.

최병락 _ 강남중앙침례교회 담임 목사

✝   성경은 그 깊이와 너비를 측량하기 어려운 광활한 바다입니다. 이 바다를 무턱 대고 항해하다 보면 장구한 역사의 파도와 다양한 문학 양식이라는 바람에 의해 표류하기 쉽습니다. 그런 점에서 《가스펠 프로젝트》는 참 훌륭한 나침반입니다. 건전한 교리를 바탕으로 성경 어디에서나 그리스도를 발견하도록 돕고, 복음이라는 항구에 이르도록 이끌어 줍니다. 이미 구약 시리즈를 통해 검증되었듯이, 이어지는 신약 시리즈 역시 말씀의 바다를 항해하는 모든 분에게 큰 유익을 줄 것입니다. 기쁜 마음으로 추천합니다.

허요환 _ 안산제일교회 담임 목사

활용법

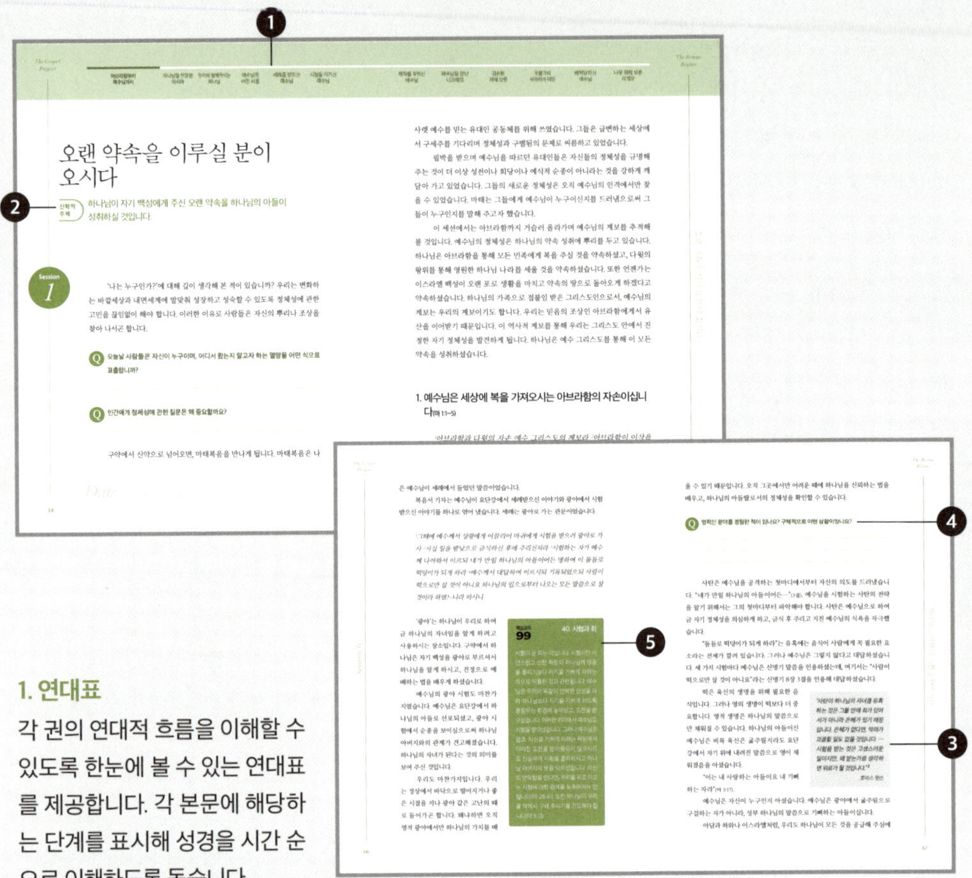

1. 연대표

각 권의 연대적 흐름을 이해할 수 있도록 한눈에 볼 수 있는 연대표를 제공합니다. 각 본문에 해당하는 단계를 표시해 성경을 시간 순으로 이해하도록 돕습니다.

2. 신학적 주제

하나님이 구속사에서 행하신 일에 초점을 맞춰 본문을 이해하도록 주제를 제시해 본문의 흐름을 놓치지 않도록 돕습니다.

3. 명언 등

세계 기독교 역사에서 영향력 있는 인물들의 명언이나 글 가운데 세션의 주제와 관련 있는 내용을 발췌해 제공합니다.

4. 관찰 질문

본문을 구체적으로 이해하도록 하는 질문을 제공합니다. 이를 통해 생각의 폭을 넓히고 성경의 진리를 실제적으로 받아들이는 데 도움을 받을 수 있습니다.

5. 핵심교리 99

기독교 교리 가운데 핵심이 되는 99개의 내용을 추려 각 세션에 해당하는 교리를 제시합니다. 성경 본문에 대한 신학적 이해를 넓히는 데 도움을 받을 수 있습니다.

6. 결론

각 세션의 포인트를 정리하고 예수 그리스도와 연결해 세션의 결론을 제시합니다.

7. 그리스도와의 연결

해당 본문과 주제가 어떻게 예수 그리스도를 가리키며 연결되는지 자세히 살핍니다. 예수님과 각 세션 포인트의 상관성을 발견할 수 있도록 돕습니다.

8. 하나님의 계획, 우리의 사명

각 세션에서 드러난 하나님의 계획을 우리의 사명과 연결해 말씀을 구체적으로 삶에 적용하도록 돕습니다.

9. 금주의 성경 읽기

각 세션의 연대기적 흐름에 맞춰 한 주 동안 읽을 성경 본문을 제공합니다.

예수님, 하나님의 아들

Unit 1

암송 구절

예수께서 세례를 받으시고 곧 물에서 올라오실새 하늘이 열리고 하나님
의 성령이 비둘기 같이 내려 자기 위에 임하심을 보시더니 하늘로부터 소
리가 있어 말씀하시되 이는 내 사랑하는 아들이요 내 기뻐하는 자라 하시
니라
마태복음 3장 16~17절

오랜 약속을 이루실 분이 오시다

신학적 주제 하나님이 자기 백성에게 주신 오랜 약속을 하나님의 아들이 성취하실 것입니다.

Session 1

'나는 누구인가?'에 대해 깊이 생각해 본 적이 있습니까? 우리는 변화하는 바깥세상과 내면세계에 발맞춰 성장하고 성숙할 수 있도록 정체성에 관한 고민을 끊임없이 해야 합니다. 이러한 이유로 사람들은 자신의 뿌리나 조상을 찾아 나서곤 합니다.

Q 오늘날 사람들은 자신이 누구이며, 어디서 왔는지 알고자 하는 열망을 어떤 식으로 표출합니까?

Q 인간에게 정체성에 관한 질문은 왜 중요할까요?

구약에서 신약으로 넘어오면, 마태복음을 만나게 됩니다. 마태복음은 나

Date

사렛 예수를 믿는 유대인 공동체를 위해 쓰였습니다. 그들은 급변하는 세상에서 구세주를 기다리며 정체성과 구별됨의 문제로 씨름하고 있었습니다.

핍박을 받으며 예수님을 따르던 유대인들은 자신들의 정체성을 규명해 주는 것이 더 이상 성전이나 회당이나 예식적 순종이 아니라는 것을 강하게 깨달아 가고 있었습니다. 그들의 새로운 정체성은 오직 예수님의 인격에서만 찾을 수 있었습니다. 마태는 그들에게 예수님이 누구이신지를 드러냄으로써 그들이 누구인지를 말해 주고자 했습니다.

이 세션에서는 아브라함까지 거슬러 올라가며 예수님의 계보를 추적해 볼 것입니다. 예수님의 정체성은 하나님의 약속 성취에 뿌리를 두고 있습니다. 하나님은 아브라함을 통해 모든 민족에게 복을 주실 것을 약속하셨고, 다윗의 왕위를 통해 영원한 하나님 나라를 세울 것을 약속하셨습니다. 또한 언젠가는 이스라엘 백성이 오랜 포로 생활을 마치고 약속의 땅으로 돌아오게 하겠다고 약속하셨습니다. 하나님의 가족으로 접붙임 받은 그리스도인으로서, 예수님의 계보는 우리의 계보이기도 합니다. 우리는 믿음의 조상인 아브라함에게서 유산을 이어받기 때문입니다. 이 역사적 계보를 통해 우리는 그리스도 안에서 진정한 자기 정체성을 발견하게 됩니다. 하나님은 예수 그리스도를 통해 이 모든 약속을 성취하셨습니다.

1. 예수님은 세상에 복을 가져오시는 아브라함의 자손이십니다(마 1:1~5)

[1]아브라함과 다윗의 자손 예수 그리스도의 계보라 [2]아브라함이 이삭을 낳고 이삭은 야곱을 낳고 야곱은 유다와 그의 형제들을 낳고 [3]유다는 다말에게서 베레스와 세라를 낳고 베레스는 헤스론을 낳고 헤스론은 람을 낳고 [4]람은 아미나답을 낳고 아미나답은 나손을 낳고 나손은 살몬을 낳

고 5 살몬은 라합에게서 보아스를 낳고 보아스는 룻에게서 오벳을 낳고 오벳은 이새를 낳고

예수님과 하나님의 약속이 연결되는 고리는 그 조상으로부터 내려오는 혈통의 계보에서 찾을 수 있습니다. 이것은 단순히 위대한 조상을 호명하기 위한 것이 아닙니다. 그들은 예수님의 가문의 일원이었습니다. 따라서 예수님도 그들과 아주 조금은 닮은 면이 있으셨을 것입니다. 얼굴 형태라든가 억양이 비슷했을 수도 있습니다. 계보의 조상들은 하나님의 특별한 약속을 받은 특별한 사람들이었습니다. 예수님은 그 모든 약속을 하나하나 이루실 것이며, 완벽하고 완전하게 성취하실 것입니다.

Q 가족끼리 어떤 신체적인 특징이나 별난 성격을 공유하고 있습니까? 이러한 특징은 소속감에 어떤 영향을 줍니까?

예수님의 계보는 열네 대씩 세 그룹으로 나뉩니다. 그중 첫 번째 그룹은 아브라함으로 시작됩니다(마 1:2~6). 아브라함은 그의 '자손'(또는 '씨')을 통해 천하 만민이 복을 받게 되리라는 약속을 받은 사람입니다(창 22:18; 참조, 갈 3:16).

"또 네 씨로 말미암아 천하 만민이 복을 받으리니 …"(창 22:18; 참조, 창 18:18; 26:4; 사 61:9; 갈 3:8).

이것이 바로 예수님의 정체성입니다. 수천 년 동안 내려온 조상들의 피와 살과 소망이 담긴 정체성입니다. 마태는 예수님이 믿음의 선조를 가지심과 같이 또한 믿음의 후손도 가지실 것을 보여 주고자 했습니다. '믿음의 후손'이란 왕이신 예수님이 다스리시는 왕국의 시민을 가리킵니다. 예수님을 따랐던 초대 교회 유대인들은 물론 오늘날 우리도 이와 같은 정체성을 가지고 있습니다.

예수님의 계보에는 다섯 명의 여인이 등장하는데, 그중 세 명(다말, 라합, 룻 - 역주)이 첫 번째 그룹에 있습니다. 마리아를 제외한 네 명의 여인은 유대인 남자와 결혼한 비유대인이라는 공통점이 있습니다. '다말'은 가나안 사람이었고,

'라합'은 가나안 여리고성의 거주민이었으며, '룻'은 모압 사람이었고, 우리야의 아내 '밧세바'는 헷 사람이었습니다. 이 여인들은 예수님을 통해 온 열방이 복을 받게 되리라는 약속을 증명해 줍니다.

이 계보는 장차 예수님에게 여성이 특별한 의미를 갖게 되듯이, 과거에도 여성이 중요한 역할을 했음을 보여 줍니다. 예수님이 세상에 오심으로써 주님을 따르는 여성에게 극적인 변화가 일어날 것입니다(이 계보에 등장하는 마리아는 다음 세션에서 집중적으로 살펴볼 것입니다).

> "마태에 따르면, 바로 이 순간에 구원이 일어났습니다. 계보의 마지막에 기록된 아이가 바로 하나님이 기름 부으신, 오랫동안 기다려 왔던 메시아이십니다. 그분이 오랜 예언들을 하나하나 낱낱이 모두 성취하실 것입니다."[1]
>
> _톰 라이트_

 예수님의 계보에 포함된 이 여인들과 온 열방에 복을 주고자 하시는 하나님의 열망과는 어떤 연관성이 있습니까?

____

____

2. 예수님은 영원히 다스리시는 다윗의 자손이십니다(마 1:6~11)

> *6*이새는 다윗왕을 낳으니라 다윗은 우리야의 아내에게서 솔로몬을 낳고 *7*솔로몬은 르호보암을 낳고 르호보암은 아비야를 낳고 아비야는 아사를 낳고 *8*아사는 여호사밧을 낳고 여호사밧은 요람을 낳고 요람은 웃시야를 낳고 *9*웃시야는 요담을 낳고 요담은 아하스를 낳고 아하스는 히스기야를 낳고 *10*히스기야는 므낫세를 낳고 므낫세는 아몬을 낳고 아몬은 요시야를 낳고 *11*바벨론으로 사로잡혀 갈 때에 요시야는 여고냐와 그의 형제들을 낳으니라

두 번째 그룹은 하나님과 특별한 교제를 나누었던 다윗부터 시작됩니다.

성경 인물 가운데 다윗만큼 높은 자리에 올랐다가(참조, 시 89편) 한순간에 나락으로 떨어진 사람도 없을 것입니다(삼하 11장). "유다 왕 역대지략"(왕상 14:29)에 따르면, 다윗은 다른 모든 왕을 평가하는 기준이었습니다. 구약성경에서 유다의 후대 많은 왕에게 본보기로 다윗이 소개될 때 그는 "조상 다윗"이라는 칭호로 언급되었습니다.

다윗의 왕위가 영원할 것이라는 하나님의 약속은 성경에서 자주 인용되는 약속입니다.

"여호와께서 내 일에 대하여 말씀하시기를 만일 네 자손들이 그들의 길을 삼가 마음을 다하고 성품을 다하여 진실히 내 앞에서 행하면 이스라엘 왕위에 오를 사람이 네게서 끊어지지 아니하리라 하신 말씀을 확실히 이루게 하시리라"(왕상 2:4; 참조, 왕상 2:5; 8:25; 9:5; 대하 6:16; 7:18; 사 9:7; 렘 33:17; 눅 1:32).

주님은 이 약속의 성취를 특별히 신경 쓰셨던 것 같습니다. 그러나 다윗을 포함해 마태복음 계보에 오른 어느 후손도 신실하게 행하라는 요구를 온전히 지키지 못했습니다.

Q 예수님의 계보에 악한 왕들이 기록된 것은 약속을 준행하시는 하나님의 신실하심과 관련해 어떤 의미를 갖습니까?

Q 예수님의 계보에 등장하는 선한 왕들로부터는 무엇을 배울 수 있습니까?

많은 왕이 약속을 저버렸음에도 불구하고 하나님은 다윗의 영원한 왕위에 관한 약속을 신실하게 지키셨습니다. 사실 하나님이 다윗에게 주신 약속은 그에 관한 것이 아니었습니다. 마태는 이것이 다윗의 직계 자손으로 오신 예수님이 주의 길로 행하시며 하나님의 약속을 온전히 성취하시리라는 약속임을 보여 주고자 했습니다. 다윗의 영원한 왕위의 주인은 예수님이십니다.

누가복음에서 가브리엘 천사가 마리아에게 이 약속을 노래로 들려줍니다.

"그가 큰 자가 되고 지극히 높으신 이의 아들이라 일컬어질 것이요 주 하나님께서 그 조상 다윗의 왕위를 그에게 주시리니"(눅 1:32).

당시 사람들은 '다윗의 자손'이 곧 메시아를 가리키는 것임을 알고 있었습니다(마 12:23; 21:9, 15; 22:42; 막 12:35). 그들은 흔히 예수님을 다윗의 자손으로 불렀습니다(마 9:27; 15:22; 20:30; 눅 18:38). 예수님은 아브라함의 약속에 따라 온 열방에 복을 주실 것입니다. 또한 다윗의 왕위에 앉으시며 영원한 나라를 세우실 것입니다. 모든 약속과 모든 꿈과 모든 소망을 이루실 것입니다. 메시아에 대한 약속은 조상들의 삶을 통해 이어져 왔고, 장차 믿음으로 후손이 될 모든 이의 정체성의 근원이 됩니다.

> *"주님이 기름 부으신, 위대한 다윗보다 더 위대하신 아들께 만세! 때가 이르렀으니, 주님의 통치가 시작되도다! 억압을 깨뜨리고, 포로 된 자에게 자유를 주며, 죄를 없애고, 공평하게 다스리러 오심이라."*[2]
>
> _제임스 몽고메리

Q 예수님은 공생애를 통해 하나님의 신실하신 사랑의 또 다른 면을 어떻게 보여 주셨습니까?

____

____

3. 예수님은 죄와 사망에 사로잡힌 포로생활을 끝내시는 메시아이십니다(마 1:12~17)

마태는 마지막 세 번째 그룹을 아브라함이나 다윗과 같은 인물이 아닌 '바벨론 포로'라는 특별한 사건으로 소개하기 시작합니다. 이런 시도는 주의를 끌며 그 이유를 궁금하게 합니다. 성경에서 예상하지 못한 본문을 만날 때가 있습니다. 성경에서 만나는 예외적 사건은 특히 중요한 부분으로 집중해서 읽어야 하는데, 이 본문이 바로 거기에 해당됩니다.

¹²바벨론으로 사로잡혀 간 후에 여고냐는 스알디엘을 낳고 스알디엘은 스룹바벨을 낳고 ¹³스룹바벨은 아비훗을 낳고 아비훗은 엘리아김을 낳

고 엘리아김은 아소르를 낳고 [14]아소르는 사독을 낳고 사독은 아킴을 낳고 아킴은 엘리웃을 낳고 [15]엘리웃은 엘르아살을 낳고 엘르아살은 맛단을 낳고 맛단은 야곱을 낳고 [16]야곱은 마리아의 남편 요셉을 낳았으니 마리아에게서 그리스도라 칭하는 예수가 나시니라 [17]그런즉 모든 대 수가 아브라함부터 다윗까지 열네 대요 다윗부터 바벨론으로 사로잡혀 갈 때까지 열네 대요 바벨론으로 사로잡혀 간 후부터 그리스도까지 열네 대더라

유다 백성들은 세 번에 걸쳐서 바벨론으로 추방당했습니다. BC 586년 시드기야왕이 예레미야의 경고를 무시한 결과로(렘 1:3; 52:10) 예루살렘이 바벨론 제국의 느부갓네살왕에게 점령당했습니다. 고대 세계에서는 포로로 사로잡아 가는 것이 피정복민을 없애는 가장 효과적인 방법이었습니다. 일반적으로는 한 민족이 자기 나라에서 타지로 쫓겨나 이방 민족과 결혼해 살다 보면 자연스럽게 사라지기 마련이지만, 유대인들은 그들과 섞이지 않기로 결단함으로써 한 민족으로 살아남을 수 있었습니다.

Q 바벨론 포로기에 유대인들은 자기 정체성을 지키기 위해 무엇을 했나요?

Q 시련 중에도 신앙을 지키고자 했던 신실한 사람들로부터 무엇을 배울 수 있습니까?

BC 539년, 바벨론은 고레스가 이끄는 메대-바사에 의해 무너졌습니다. 고레스는 유대인들에게 바벨론에서 고국으로 돌아갈 것을 명령했는데, 심지어 하나님께 감동되어 바벨론이 파괴한 예루살렘 성전을 재건하는 일을 돕기까지 했습니다(대하 36:22; 스 1:1).

재앙이 기적적인 섭리가 되었습니다. 하나님의 백성은 흩어지고 패배한 것처럼 보였으나, 하나님이 그들을 고국으로 인도해 주셨습니다. 그들은 하나님을 믿지 않고 그분의 약속을 신뢰하지 않았기에 약속의 땅을 떠나야 했지만,

이제 다시 돌아갈 수 있게 된 것입니다.

비슷한 상황이 벌어진다면, 우리도 그들처럼 될 것입니다. 마태복음의 첫 독자, 즉 당시 유대인들도 비슷한 상황에 있었습니다. 이것은 우리가 이 세상에 살고 있지만, 이 세상에 속한 존재가 아니라는 것을 가르쳐 줍니다. 우리는 죄로 인해 에덴동산에서 추방되었습니다. 그래서 하나님이 원래 우리를 위해 마련해 주신 곳이 아닌 이 세상에서 살게 되었습니다. 우리는 그리스도의 재림과 하나님 나라가 완전히 임할 것을 고대합니다. 우리는 하나님이 우리를 본향으로 인도해 주실 것을 믿으며 주님을 따릅니다.

열방에 복을 주시겠다는 아브라함의 약속이 예수님에게서 성취될 것입니다. 또한 다윗에게 약속하신 영원한 보좌로 사람들이 모일 때, 하나님 나라가 임할 것입니다. 보좌에 앉으신 이는 바로 다윗의 자손, 예수님이십니다(계 22:16).

> *"왕께서 곧 돌아오실 것입니다. 예수님은 처음에는 우는 아기로 오셨으나, 두 번째는 왕관을 쓴 왕으로 오실 것입니다."*[3]
> _데이비드 플랫

Q 오늘날 그리스도인의 삶은 어떤 면에서 '포로 생활'이라 할 수 있습니까?

Q 예수님은 어떻게 우리 죄와 사망으로 말미암은 포로 생활을 종식해 주셨습니까?

결론

랍비들은 "그들 이야기가 곧 내 이야기임을 깨닫기 전까지는 누군가와 진정한 동행을 할 수 없다"고 말합니다. 마태복음도 마찬가지입니다. 당시 유대인들의 삶의 정황을 이해해야만 말씀에 담긴 진리가 생생하게 살아납니다.

나사렛 예수를 따르는 사람들은 필연적으로 분리와 배제를 경험하게 됩니다. 세상으로부터 분리되거나 배제당하거나 심지어 포로로 사로잡힐 수도 있습니다. 전 세계 믿음의 형제자매들이 이미 겪고 있는 일입니다. 약 2000년 전, 마태복음의 첫 독자들에게 주어진 약속은 두려움에 떨던 1세기 초대 교회 신자들에게 그랬던 것처럼 오늘날 우리에게도 똑같이 유효합니다.

사회적 압박과 박해에도 불구하고, 그들은 세상을 변화시켜 나갔습니다. 그들은 '로마 제국'이라는 거대한 우상 숭배 세력에 맞섰습니다. 그들이 승리할 수 있었던 이유는 단 하나입니다. 모든 언약이 예수 그리스도 안에서 성취되리라는 약속을 믿고 신뢰했기 때문입니다. 세상 사람들이 그들을 "만물의 찌꺼기"(고전 4:13)처럼 여길 때, 그들은 자기 정체성에 관한 새로운 답을 찾았습니다. 사실, 그 답은 오래전부터 전해져 내려온 것이었습니다. 그들은 예수님이 다스리시는 왕국의 시민이었던 것입니다. 예수님이 다윗의 보좌에 앉아 온 열방에 복을 주실 것입니다.

> **핵심교리 99**
>
> **47. 예수님의 인성**
>
> 성경은 예수님이 완전한 하나님이자 동시에 완전한 사람이심을 증거합니다. 구약성경은 하나님이 약속하신 메시아가 태어나실 것이라고 예언했으며(사 7:14; 9:6; 미 5:3), 신약성경은 예수님의 생애에 인간사의 모든 특징이 담겨 있음을 보여 주었습니다. 예수님은 인간이라면 흔히 겪게 되는 일들, 즉 굶주림(마 4:2), 목마름(요 19:28), 피곤함(마 8:24), 슬픔(요 11:35)을 체험하셨으며, 심지어 십자가의 고통까지 경험하셨습니다.

그리스도와의 연결

우리는 마태복음의 시작 부분에 있는 예수님의 계보를 통해 하나님의 구원 계획이 어떻게 아브라함과 다윗을 거쳐 예수님의 탄생에까지 이르게 되었는지 살펴봤습니다. 예수님은 아브라함과 다윗에게 주셨던 하나님의 약속을 성취하시는 분입니다. 예수님의 삶과 죽음과 부활을 통해, 우리는 아브라함의 믿음을 잇는 가족의 일원이 됩니다.

하나님의 계획
우리의 사명

하나님은 예수님이 역사의 주인이시며 구원을 베푸시는 유일한 구원자이심을 선포하라고 우리를 부르십니다.

1. 믿음으로 예수님의 계보에 포함된 교회/공동체는 예수님의 이름으로 세상 사람들을 축복하는 일을 어떻게 감당해야 할까요?

____

____

____

2. 예수님의 가족임을 나타내는 특성은 무엇입니까?

____

____

____

3. 예수님이 죄와 사망에서 건져 주신 구원의 은혜를 믿지 않는 사람들에게 어떻게 전해야 할까요?

____

____

____

오랜 약속을 이루실 분이 오시다

*
금주의 성경 읽기
암 1~9장

마리아가 약속의 하나님을 찬양하다

신학적 주제 예수님은 성령님의 능력으로 잉태되어 동정녀 마리아에게서 태어나셨습니다.

Session 2

누가는 데오빌로를 위해 복음서를 썼습니다. 그 이유와 상황은 알려져 있지 않지만, 누가가 어떤 사람인지는 알 수 있습니다. 그는 사도 바울의 신실한 동역자였습니다. 바울이 말년에 로마 제국 네로 황제 치하에서 죽게 되었을 때, 오직 누가만이 용감하게 그의 곁에 남았습니다(딤후 4:11). 이 단순한 사실이 누가복음 저자의 성품에 관해 아주 많은 것을 알려 줍니다. 또한 바울이 골로새서 4장 14절에서 언급한 내용을 보면, 누가가 의사였음을 알 수 있습니다. 그러나 그는 노예이기도 했습니다. 1세기에는 의사를 포함한 대부분의 전문직종의 사람들이 노예였기 때문입니다.

누가복음은 예수님이 탄생하시기까지의 일에 관해 다른 복음서들보다 많은 정보를 제공합니다. 담대한 믿음을 가졌던 예수님의 어머니 마리아의 젊은 시절 이야기도 소개합니다. 우리는 마리아에게서 기꺼이 '주님의 종'이 되고자 하는 신실한 마음을 볼 수 있습니다.

Date . .

Q 예수님의 어머니 마리아에 관해 어떤 것들을 알고 있습니까?

Q 이러한 사실들은 주님의 종으로서의 마리아의 자질을 어떻게 보여 줍니까?

이 세션에서 우리는 하나님이 마리아를 부르시는 장면을 보게 됩니다. 우리를 구원하기 위해 예수 그리스도를 보내시는 하나님의 놀라운 역사가 마리아에게서 시작됩니다. 당시 아마도 십 대 소녀였을 마리아는 가브리엘 천사에게서 하나님이 위대한 약속을 이루기 위해 자신을 사용하시리라는 이야기를 듣습니다. 하나님의 종으로서 주님의 뜻에 순종하는 마리아의 모습은 그리스도인의 모범이 됩니다. 우리도 살면서 하나님의 부르심에 순종해야 할 때가 있음을 알아야 합니다. 값비싼 대가를 치르더라도 순종해야 하는 순간 말입니다. 마리아처럼 우리도 하나님의 종이자, 그리스도를 따르는 제자로서 순종을 통해 주님을 높여 드려야 합니다.

> "성경에서 1세기에 살았던 그 마리아를 제대로 알게 되면, 그녀가 우리에게 예수님을 가리켜 보여 주며 예수님에 관해 말하고 있음을 깨닫게 될 것입니다."[1]
> _스캇 맥나이트

마리아: 구세주 하나님을 찬양하다

1. 마리아는 이해하기 힘든 하나님의 계획에 자신을 내맡깁니다(눅 1:26~38)

노예 출신 의사인 누가가 당시 사회에서 홀대받던 사람들에게 관심을 보인 것은 어쩌면 당연한 일이었습니다. 누가는 복음서 전체에서 예수님이 하시는 일을 가장 먼저 이해한 사람들이 여성이라고 강조합니다. 시작부터 그렇습니다. 사가랴는 제사장인데도 하나님이 하시려는 일을 이해하지 못했습니다. 그러나 평범한 여인 마리아는 하나님의 일을 직관적으로 이해했습니다.

²⁶여섯째 달에 천사 가브리엘이 하나님의 보내심을 받아 갈릴리 나사렛이란 동네에 가서 ²⁷다윗의 자손 요셉이라 하는 사람과 약혼한 처녀에게 이르니 그 처녀의 이름은 마리아라 ²⁸그에게 들어가 이르되 은혜를 받은 자여 평안할지어다 주께서 너와 함께하시도다 하니 ²⁹처녀가 그 말을 듣고 놀라 이런 인사가 어찌함인가 생각하매 ³⁰천사가 이르되 마리아여 무서워하지 말라 네가 하나님께 은혜를 입었느니라 ³¹보라 네가 잉태하여 아들을 낳으리니 그 이름을 예수라 하라 ³²그가 큰 자가 되고 지극히 높으신 이의 아들이라 일컬어질 것이요 주 하나님께서 그 조상 다윗의 왕위를 그에게 주시리니 ³³영원히 야곱의 집을 왕으로 다스리실 것이며 그 나라가 무궁하리라 ³⁴마리아가 천사에게 말하되 나는 남자를 알지 못하니 어찌 이 일이 있으리이까 ³⁵천사가 대답하여 이르되 성령이 네게 임하시고 지극히 높으신 이의 능력이 너를 덮으시리니 이러므로 나실 바 거룩한 이는 하나님의 아들이라 일컬어지리라 ³⁶보라 네 친족 엘리사벳도 늙어서 아들을 배었느니라 본래 임신하지 못한다고 알려진 이가 이미 여섯 달이 되었나니 ³⁷대저 하나님의 모든 말씀은 능하지 못하심이 없느니라 ³⁸마리아가 이르되 주의 여종이오니 말씀대로 내게 이루어지이다 하매 천사가 떠나가니라

누가는 복음서에서 웅장한 성전에 있는 신실하지 못한 제사장과 가난한 나사렛 마을에 사는 신실한 소녀가 가브리엘 천사와 대면하는 장면을 대조적

으로 보여 줍니다. 제사장 사가랴는 자신 앞에 나타난 가브리엘 천사에게 "내가 이것을 어떻게 알리요 내가 늙고 아내도 나이가 많으니이다"(눅 1:18)하고 물었습니다. 이것은 불신앙에서 비롯된 것이었습니다. 사가랴의 질문에 가브리엘 천사가 "나는 하나님 앞에 서 있는 가브리엘이라"(눅 1:19상)라고 대답한 것을 통해 알 수 있습니다. 가난한 나사렛 마을에 사는 마리아도 가브리엘 천사를 만났습니다. 그녀의 유대식 이름은 미리암입니다. 그녀는 자신 앞에 나타난 가브리엘 천사에게 "나는 남자를 알지 못하니 어찌 이 일이 있으리이까"(34절) 하고 물었습니다. 그러나 이것은 불신앙에서 비롯된 것이 아닙니다.

> **핵심교리 99** — **32. 천사**
>
> 성경은 하나님이 인간과 동물뿐 아니라 다른 피조물들도 창조하셨다고 말합니다. 그중에는 '하나님의 아들들', '영들', '통치자들', '권세들', '거룩한 자들'로 불리는 천사도 있습니다. '천사'로 번역된 헬라어 단어는 원래 '메시지를 전달하는 사자'를 뜻합니다. 하나님의 말씀을 전하는 것이 그들의 존재 이유임을 알 수 있습니다. 성경 전반에 걸쳐서, 천사들은 여러 가지 역할을 수행합니다. 하나님께 영광을 돌리거나, 하나님의 계획과 목적에 따라 임무를 수행하며, 보이지 않는 세계가 실제로 있음을 인간에게 일깨워 주기도 합니다.

Q 사가랴의 질문이 연약한 믿음을 보여 주고, 마리아의 질문이 굳건한 믿음을 보여 주는 이유는 무엇입니까?

Q 천사의 메시지에 마리아가 보인 반응에서 무엇을 배울 수 있습니까?

마리아의 이 질문은 합리적입니다. 마리아의 질문에 대한 가브리엘 천사의 대답은 "지극히 높으신 이의 능력이 너를 덮으시리니"(35절상)라는 것이었습니다. 여기서 '덮다'로 번역된 헬라어 단어는 구약성경을 헬라어로 번역한 70인역에서 수면 위에 "운행하시는"(창 1:2) 하나님의 영을 묘사할 때 쓰인 단어와 같습니다. 마리아에게 주님이 약속을 성취하시리라는 확신을 주기 위해 가브리엘 천사는 그녀의 나이 많은 친척 엘리사벳이 임신한 지 이미 6개월이 되었다고 알려 주었습니다.

그러자 마리아가 믿음으로 응답했습니다. 그녀는 자신을 주의 여종으로 선포했습니다. 이것이 마리아의 정체성입니다. 종에게는 선택권이 없습니다. 주인에게 모든 것을 맡겼기 때문입니다. 마리아는 제사장처럼 많은 지식은 없었지만, 내면에 뿌리 깊은 신앙심과 믿음이 있었기에 순종할 수 있었습니다. 그녀는 자기 삶을 향한 하나님의 어려운 계획에 순종할 자세가 되어 있었던 것입니다.

> "완전한 항복이란 … 그저 어떤 일을 포기하는 것이 아니라 의도적으로 자신의 개인적 권리를 포기하는 것을 말합니다. 개인주의에 사로잡혀 있으면 제자도에 관한 주님의 가르침을 왜곡할 수밖에 없습니다."[2]
>
> _오스왈드 챔버스

Q **"주의 여종이오니 말씀대로 내게 이루어지이다"라는 마리아의 대답은 신실한 그리스도인이라면 따라야 할 신앙의 자세를 어떻게 보여 줍니까?**

---

2. 마리아는 하나님의 선하심과 자비하심을 찬양합니다

(눅 1:46~50)

46마리아가 이르되 내 영혼이 주를 찬양하며 47내 마음이 하나님 내 구주를 기뻐하였음은 48그의 여종의 비천함을 돌보셨음이라 보라 이제 후로는 만세에 나를 복이 있다 일컬으리로다 49능하신 이가 큰일을 내게 행하셨으니 그 이름이 거룩하시며 50긍휼하심이 두려워하는 자에게 대대로 이르는도다

주님의 선하심과 자비하심을 찬양하는 마리아의 노래에서 그녀의 아름

다운 순종을 볼 수 있습니다. 선택권을 주님께 맡기고, 순종함으로 자신을 내어 드려야 비로소 진정으로 노래할 수 있습니다. 마리아는 주님께 매인 자이나 사실은 자유한 자였습니다. 더 나아가 그녀의 정체성은 하나님의 부르심에 뿌리를 두었기에 어떤 어려움에도 흔들리지 않았습니다.

마리아는 위대하신 구원의 주님을 찬양했습니다. 주님의 종 된 그녀가 처한 상황을 주님이 돌보셨기 때문입니다. 많은 시편이 노래했듯이, 마리아는 주님의 자비와 인애를 노래했습니다. 그녀가 낳을 아기는 세상에 태어나실 새 소망으로서 하나님의 자비의 열매입니다.

Q 마리아가 하나님을 찬양한 내용을 열거해 보십시오(눅 1:46~50). 공통점은 무엇입니까?

Q 마리아는 자기 삶에서 이러한 찬양 내용을 어떻게 경험했나요?

'자비'란 받을 자격 없는 자에게 주어지는 최고의 선물입니다. 하나님이 자기 아들을 보내 주심으로써 베푸신 자비에 인간은 시와 노래로 응답합니다. 노래는 산문보다 마음의 동요나 상상의 나래를 더 잘 표현해 냅니다. 노래할 때마다 그 노래와 관련된 기억이 떠오르기 마련입니다. 공동체가 한목소리로 노래할 수도 있습니다. 우리는 하나님을 높이는 마음을 노래로 표현함으로써 예배를 현실화합니다.

> *"그 모든 것의 밑바탕에는 하나님에 대한 찬양이 있습니다. 하나님은 주도권을 행사하시는 주 하나님, 구원자, 능력자, 거룩하신 이, 자비로우신 분, 신실하신 분이십니다. 하나님은 우리가 찬양할 궁극적인 이유이십니다."*[3]
>
> _톰 라이트

Q 하나님의 선하심과 자비하심을 노래하는 찬양을 두세 곡 꼽아 보세요. 그 노래들에 공감하는 이유는 무엇입니까?

 그 노래들은 하나님의 어떤 성품을 찬양합니까?

3. 마리아는 하나님이 자기 백성에게 하신 약속들을 지키실 것을 확신합니다(눅 1:51~55)

[51]그의 팔로 힘을 보이사 마음의 생각이 교만한 자들을 흩으셨고 [52]권세 있는 자를 그 위에서 내리치셨으며 비천한 자를 높이셨고 [53]주리는 자를 좋은 것으로 배불리셨으며 부자는 빈손으로 보내셨도다 [54]그 종 이스라엘을 도우사 긍휼히 여기시고 기억하시되 [55]우리 조상에게 말씀하신 것과 같이 아브라함과 그 자손에게 영원히 하시리로다 하니라

마리아의 표현을 보면, 그녀의 마음과 머릿속에 구약의 시편과 찬양이 가득했음을 알 수 있습니다. 그녀는 노래하는 순간만큼은 시편 기자와 같았습니다. 다윗처럼 마리아도 세상에 태어날 새로운 소망이 하나님의 약속에 근거한 오래된 소망에서 비롯되었음을 알고 있었습니다.

Q 마리아의 노래를 출애굽기 15장의 미리암의 노래와 사무엘상 2장의 한나의 노래와 비교해 보십시오. 마리아의 노래가 이전 노래들을 바탕으로 하고 있음을 어떻게 알 수 있습니까?

Q 이 노래들의 공통점은 무엇입니까?

복음서들이 묘사하는 하나님은 늘 세상을 뒤집어엎는 역사 중에 계십니다. 장차 태어날 새로운 소망은 성경 속 수많은 노래의 주제였습니다. 이 소망이 소외된 자들, 심령이 가난한 자들에게 주어질 것입니다. 부요한 자가 되기 위해서는 풍요로움을 버리는 법을 배워야 합니다. 지혜로운 자가 되기 위해서는 십자가의 어리석음을 받아들여야 합니다. 성숙한 자가 되기 위해서는 어린아이와 같이 되어야 합니다. 진실로 자유로운 자가 되기 위해서는 주님께 매인 자가 되어야 합니다.

예수님은 모든 것을 잃음으로써 모든 것을 얻으셨습니다. 바울은 "그리스도께서 약하심으로 십자가에 못 박히셨으나"(고후 13:4)라고 말합니다. 그러나 십자가는 고난을 받은 적이 있거나 아직 고난 중에 있는 사람들에게 무궁무진한 힘이 됩니다. 이처럼 하나님은 세상에서 신비로운 방식으로 역사를 이루어 가십니다.

이것이 바로 하나님 나라의 "뒤집어엎음"(upside-down-ness)의 가치, 즉 근본적인 역전의 가치입니다. 그러나 교회는 이 가치를 쉽게 잊어버리곤 합니다. 교회는 응답이 능력의 행사에서 발견된다고 믿을 때마다 마리아의 아들인 예수님에게서 멀어졌습니다. 고난받은 이들은 마리아의 칼에 찔린 듯한 마음(눅 2:35)과 예수님의 못 박힌 손과 발을 보며 주님을 높였습니다. 그들은 고난 중에도 그들에게 가장 귀한 분은 하나님이심을 보여 주었습니다. 예수 그리스도께서는 십자가의 고난으로 세상을 구원하시는 궁극적인 역전을 보여 주셨습니다.

Q 하나님 나라의 가치를 실천하는 그리스도인의 삶은 세상의 가치에 어떻게 도전합니까?

결론

마리아는 여성을 홀대하는 시대에 살았습니다. 그런데 하나님의 불가능한 약속을 받은 사람은 다름 아닌 나사렛에 사는 젊은 여성 마리아였습니다. 그녀는 가브리엘 천사의 말에 지체 없이 직관적으로 반응함으로써 하나님을 향한 마음을 고스란히 드러냈습니다. 하나님이 주인이시며, 자신은 그분의 겸손한 종이라는 사실을 본능적으로 알았던 것입니다.

복음서 어디에서도 마리아가 메시아의 어머니로 부르심을 받은 후 내적으로 고민하는 모습이 보이지 않습니다. 하나님께 순종했던 그녀는 예수님의 마음과 삶에 큰 영향을 미쳤을 것입니다. 즉각적으로 순종하는 그녀의 태도가 어린 시절 예수님께도 자연스럽게 새겨졌을 것입니다. 그래서 예수님이 하나님의 종으로서 감당해야 할 일이 생겼을 때, 그 어머니 마리아가 하나님의 뜻에 온전히 순종했던 모습이 그분께 힘이 되었을 것입니다. 하나님이 인간의 몸을 입고 여인을 통해 이 세상에 오셨으니, 성육신이란 얼마나 아름다운 신비입니까(2:6~11)!

> *"하나님이 겸손한 마리아에게 행하신 일은 결국 온 세상을 변화시킬 위대한 역전의 시작일 뿐이었습니다."*[4]
> _타카테멘

그리스도와의 연결

마리아는 하나님의 계획에 순종함으로써 고통과 상심을 겪게 되더라도 하나님을 높여 드리기로 결심했습니다. 마리아의 신실함은 우리에게 좋은 본보기가 됩니다. 예수님은 순종의 삶을 통해 하나님 아버지를 영화롭게 하시고, 하나님의 계획에 순종해 십자가에 달려 죽으심으로써 우리를 구원하셨습니다.

**하나님의
계획**
우리의 사명

하나님은 우리에게 고난의 때에도 주님을 높여 드림으로써 다른 사람들에게 주님이 우리에게 소중한 분임을 나타내라고 말씀하십니다.

1. 세상 속에서 결과에 상관없이 하나님의 계획에 순종하려면, 어떤 마음과 자세를 지녀야 할까요?

2. 하나님의 선하심과 자비하심을 자신의 삶에서 어떻게 찬양하겠습니까?

3. 어떻게 하면 교회/공동체가 하나님 나라의 '뒤집어엎음'을 세상에 나타낼 수 있을까요?

마리아가 약속의 하나님을 찬양하다

*
금주의 성경 읽기
호 1~9장

아기 예수님이 태어나시다

신학적 주제) 그리스도의 겸손한 탄생은 하나님 나라의 본질과 범위를 보여 줍니다.

Session 3

우리는 대개 십자가 죽음을 그리스도의 낮아지심으로 생각하곤 합니다. 그러나 탄생 당시의 상황 또한 낮아지심이었습니다. 예수님의 탄생에 관한 누가의 묘사는 예수님의 생애가 어떨지를 보여 줍니다. 그리스도께서 처음 누우신 침대는 구유였으며, 처음 몸에 걸치신 것은 넝마였습니다. 이것이 하나님의 낮아지심입니다. 하나님은 인간이 되셨습니다. 그럼으로써 우리에게 하나님의 위대하신 사랑을 보여 주셨습니다.

교만한 사람의 특징은 무엇입니까?	겸손한 사람의 특징은 무엇입니까?

Date . .

이 세션에서는 마태복음과 누가복음에 기록된 예수님의 탄생 이야기를 살펴볼 것입니다. 하나님이 인간의 몸을 입고, 갓난아기의 모습으로 세상에 오신 아름다운 장면을 보게 될 것입니다. 누가는 예수님이 낮고 초라한 곳에서 태어나셨으며, 당시 사회에서 푸대접받던 목자들에게 예수님의 탄생 소식이 제일 먼저 선포되었다고 말합니다. 마태는 동방 박사들의 경배를 통해, 온 열방에 복음을 전하고자 하시는 하나님의 계획을 알 수 있다고 말합니다. 그리스도를 따르는 자들은 예수 그리스도의 탄생을 열렬히 찬양하며 사람들에게 증거한 목자들과 동방 박사들을 본받아야 합니다.

1. 만왕의 왕께서 초라한 곳에서 태어나셨습니다(눅 2:1~7)

[1]그때에 가이사 아구스도가 영을 내려 천하로 다 호적하라 하였으니 [2]이 호적은 구레뇨가 수리아 총독이 되었을 때에 처음 한 것이라 [3]모든 사람이 호적하러 각각 고향으로 돌아가매 [4]요셉도 다윗의 집 족속이므로 갈릴리 나사렛 동네에서 유대를 향하여 베들레헴이라 하는 다윗의 동네로 [5]그 약혼한 마리아와 함께 호적하러 올라가니 마리아가 이미 잉태하였더라 [6]거기 있을 그때에 해산할 날이 차서 [7]첫아들을 낳아 강보로 싸서 구유에 뉘었으니 이는 여관에 있을 곳이 없음이러라

누가복음의 첫 독자들은 가이사 아구스도, 즉 아우구스투스 황제의 이름을 보고 그가 신으로 숭배되던 율리우스 카이사

> "그분은 금과 재물로 가득 찬 곳이 아닌 배설물이 가득한 마구간에서 태어나셨습니다. 그러나 우리 죄가 배설물보다 더 더럽습니다. 그분은 배설물 더미에서 태어난 인간들을 위해 그곳에서 태어나셨습니다. 그리고 배설물 더미에서 가난한 자들을 건지셨습니다."[1]
> _히에로니무스

르의 아들이라는 사실을 떠올렸을 것입니다. 로마 제국 사람들은 그를 '신의 아들'로 여겼습니다.

그사이 유대의 알려지지 않은 곳에서 한 아기가 막 태어나기 직전에 있었습니다. 이 아기는 말 그대로 세상에서 가장 강력한 로마 제국에 도전해 제국을 쇠퇴하게 할 왕국의 왕이셨습니다. 즉 예수님은 세상을 뒤집어엎기 위해 태어나신 것입니다. 인구 조사가 시행되었다는 사실에서 이러한 변화의 실마리를 찾을 수 있습니다. 권력을 물려받아 제국을 정비하던 아우구스투스는 인구 수, 인구 분포, 자산 가치 등을 알고자 했고, 수리아 총독 구레뇨가 이를 위해 기꺼이 나섰습니다.

 **누가가 아우구스투스의 권세와 아기 예수님의 탄생을 대조한 데서 무엇을 알 수 있습니까?**

누가는 7절에서 아기 예수님의 탄생을 언급합니다. 태어나신 예수님은 강보에 싸여 구유에 누이셨습니다. 강보는 문자 그대로 옮기면 넝마입니다. 구유는 아마도 베들레헴 어느 가정집 지하의 동굴에 있던 구유였을 것입니다. 객실이 이미 가득 차서 요셉 가족은 어쩔 수 없이 마구간으로 가야 했던 것입니다. 그러나 이러한 열악한 환경에서도, 하나님의 예비하심을 볼 수 있습니다. 그곳은 따뜻하고 보송했습니다. 요셉과 마리아와 아기 예수님은 그곳에서 한동안 안전하게 지내셨습니다(마태복음에 따르면, 그들은 목숨을 부지하기 위해 도망칩니다).

하나님이 인간이 되어 태어나셨을 때 요셉과 마리아가 마련할 수 있는 최선의 장소가 마구간이었습니

핵심교리 99

49. 동정녀 탄생

성경은 예수님이 성령님으로 잉태되어 동정녀에게서 태어나셨다고 단언합니다(마 1:18~25; 눅 1:26~38). 동정녀 탄생은 영생하시는 하나님의 아들이 사람의 몸을 입고 성육신하신 사건의 역사성을 확실히 드러냅니다. 따라서 동정녀 탄생은 구약의 예언(사 7장)을 성취하는 동시에 그리스도의 신성과 인성을 모두 확증해 준다는 점에서 중요한 의미가 있습니다.

다. 이후 예수님은 줄곧 소외된 사람들과 함께하셨습니다. "만물이 그로 말미암아 지은 바"(요 1:3) 되었는데도 예수님은 우리를 위해 "머리 둘 곳"(눅 9:58) 없이 가난하게 태어나셨습니다.

> **Q** 예수님이 비천한 환경에서 태어나신 것은 하나님의 권세와 능력에 관해 어떤 가르침을 줍니까?

2. 메시아께서 소외된 자들을 위해 태어나셨습니다(눅 2:8~20)

[8]그 지역에 목자들이 밤에 밖에서 자기 양 떼를 지키더니 [9]주의 사자가 곁에 서고 주의 영광이 그들을 두루 비추매 크게 무서워하는지라 [10]천사가 이르되 무서워하지 말라 보라 내가 온 백성에게 미칠 큰 기쁨의 좋은 소식을 너희에게 전하노라 [11]오늘 다윗의 동네에 너희를 위하여 구주가 나셨으니 곧 그리스도 주시니라 [12]너희가 가서 강보에 싸여 구유에 뉘어 있는 아기를 보리니 이것이 너희에게 표적이니라 하더니 [13]홀연히 수많은 천군이 그 천사들과 함께 하나님을 찬송하여 이르되 [14]지극히 높은 곳에서는 하나님께 영광이요 땅에서는 하나님이 기뻐하신 사람들 중에 평화로다 하니라 [15]천사들이 떠나 하늘로 올라가니 목자가 서로 말하되 이제 베들레헴으로 가서 주께서 우리에게 알리신 바 이 이루어진 일을 보자 하고 [16]빨리 가서 마리아와 요셉과 구유에 누인 아기를 찾아서 [17]보고 천사가 자기들에게 이 아기에 대하여 말한 것을 전하니 [18]듣는 자가 다 목자들이 그들에게 말한 것들을 놀랍게 여기되 [19]마리아는 이 모든 말을 마음에 새기어 생각하니라 [20]목자들은 자기들에게 이르던 바와 같이 듣고 본 그 모든 것으로 인하여 하나님께 영광을 돌리고 찬송하며 돌아가니라

주의 영광에 둘러싸인 천사가 목자들 앞에 나타났습니다. 천사는 두려워하는 목자들에게 "무서워하지 말라"고 말했습니다(누가는 이 천사가 가브리엘이라고 언급하지는 않습니다). 천사는 그들에게 "온 백성에게 미칠 큰 기쁨의 좋은 소식"을 전해 주러 왔다고 선포했습니다.

누가는 이방인의 사도인 바울의 동역자로서 "온 백성"에게 미칠 소식이라는 점에 특별히 민감했을 것입니다. 후에 이어지는 구절에서 나이 든 시므온은 아기 예수님의 탄생을 기려 "이방을 비추는 빛이요"(눅 2:32)라고 노래했습니다. 좋은 소식은 태어나신 이가 바로 세상을 구원하러 오신 메시아이자 구원자라는 사실입니다.

> "그리스도를 통해 나타나는 하나님의 사랑은 모든 사람을 아우르는데, 특히 사회 주변부로 밀려난 사람들에게까지 이릅니다. 그리스도께서는 다른 사람들이 불가촉천민처럼 여기는 사람들을 향해 손을 내미십니다."[2]
> _존 스토트

Q 하나님이 아기 예수님의 탄생 소식을 목자들에게 제일 먼저 선포하셨다는 사실에는 어떤 의미가 있습니까?

Q 이 장면은 가치와 중요성에 관한 우리의 사고방식에 어떤 도전을 줍니까?

"수많은 천군"이 베들레헴에서 가장 소외된 자들 가운데 하나인 목자들에게 주님의 탄생을 알렸습니다. 천사들이 떠나자마자 목자들은 천사의 메시지가 사실인지 알아보기 위해 베들레헴으로 즉시 떠났습니다. 성경은 그들이 아기 예수님을 찾는 데 얼마나 걸렸는지 말해 주지 않습니다. 그러나 결국 그들은 예수님을 찾았습니다. 천사의 메시지가 사실임을 확인한 그들은 어떻게 반응했습니까? 그들은 사람들에게 달려가 자신들이 들었던 천사의 메시지를 모두 전했습니다. 이것이 바로 기쁜 소식, 복음입니다.

"우리가 이 소식을 알게 되다니!", "우리가 정말 이 소식을 들었단 말이지?" 목자들은 자신들이 이러한 소식을 알게 되었다는 사실이 믿기지 않았습니다. 이 놀라운 소식은 대제사장이나 동방 박사들이 아닌 목자들에게 제일 먼저 전해졌습니다. 양 떼를 돌보며 고된 하루하루를 보내던 그들에게 말입니다.

> "하나님은 우리와 함께하시기 위해 오셨습니다. 태초에 에덴 동산에서 그러셨던 것처럼 우리와 함께 거니시기 위해서 말입니다. 예수님은 깨어진 세상을 몸소 겪으시고, 그곳에서 벗어날 길을 비춰 주시기 위해 우리의 어두운 존재 속으로 들어오셨습니다. 예수님의 오심은 갑작스럽고 영광스러운 선(善)의 대단원이었습니다."[3]
>
> _스카이 제서니

 교회가 의도치 않게 복음이 모든 사람을 위한 것이 아니라 특정 부류의 사람들을 위한 것인 양 전하는 방식들이 있을 수 있는데 어떤 것일까요?

3. 온 열방을 비추실 빛이 태어나셨습니다(마 2:1~12)

[1]헤롯왕 때에 예수께서 유대 베들레헴에서 나시매 동방으로부터 박사들이 예루살렘에 이르러 말하되 [2]유대인의 왕으로 나신 이가 어디 계시냐 우리가 동방에서 그의 별을 보고 그에게 경배하러 왔노라 하니 [3]헤롯왕과 온 예루살렘이 듣고 소동한지라 [4]왕이 모든 대제사장과 백성의 서기관들을 모아 그리스도가 어디서 나겠느냐 물으니 [5]이르되 유대 베들레헴이오니 이는 선지자로 이렇게 기록된 바 [6]또 유대 땅 베들레헴아 너는 유대 고을 중에서 가장 작지 아니하도다 네게서 한 다스리는 자가 나와서 내 백성 이스라엘의 목자가 되리라 하였음이니이다 [7]이에 헤롯이 가만히 박사들을 불러 별이 나타난 때를 자세히 묻고 [8]베들레헴으로 보내

며 이르되 가서 아기에 대하여 자세히 알아보고 찾거든 내게 고하여 나도 가서 그에게 경배하게 하라 ⁹박사들이 왕의 말을 듣고 갈새 동방에서 보던 그 별이 문득 앞서 인도하여 가다가 아기 있는 곳 위에 머물러 서 있는지라 ¹⁰그들이 별을 보고 매우 크게 기뻐하고 기뻐하더라 ¹¹집에 들어가 아기와 그의 어머니 마리아가 함께 있는 것을 보고 엎드려 아기께 경배하고 보배합을 열어 황금과 유향과 몰약을 예물로 드리니라 ¹²그들은 꿈에 헤롯에게로 돌아가지 말라 지시하심을 받아 다른 길로 고국에 돌아가니라

미천한 신분의 목자들과 달리 지혜자로도 불린 박사들은 다니엘 시대 이후 권위를 행사해 오던 지식인 정치 세력이었습니다. 느부갓네살왕은 다니엘을 "바벨론 모든 지혜자의 어른"(단 2:48; 참조, 5:11), 즉 박사로 삼았습니다. 그들은 천문학자이자 점성가로, 유대 경전을 포함한 고대 종교 관련 서적을 연구하던 사람들이었습니다. 그래서 별을 따라 예루살렘까지 갈 수 있었던 것입니다.

헤롯왕은 모든 대제사장과 서기관들에게 물어 새 왕이 유대 베들레헴에서 태어났음을 알아냈습니다. 그러고 나서 동방 박사들에게 별이 정확히 언제 처음 나타났는지를 물었습니다. 그는 이것을 기준으로 베들레헴의 무고한 사내아이들을 몇 살까지 학살할지를 결정했습니다(참조, 마 2:16).

동방 박사들이 도착할 무렵에는 요셉과 마리아가 집에서 살고 있었습니다. 예수님을 아기로 묘사한 것을 보면, 대략 두 살쯤이었을 것으로 짐작됩니다. 걸음마를 배울 정도의 유아였을 것입니다. 동방 박사들이 무릎을 꿇고 아기 예수님께 경배했습니다. 그들에게는 방대한 지식과 권위가 있었지만, 무언가 채워지지 않는 것이 있었습니다. 바로 그것이 그들로 하여금 페르시아에서부터 2년에 걸쳐 여행하게 한 이유였습니다. 그들은 그 소박한 집에서 자신들이 고대했던 모든 것을 찾았습니다. 그들은 아기 예수님께 예물을 드렸습니다. 이 예물들은 예수님의 가족이 애굽으로 피신할 때 유용하게 쓰였을 것입니다(마 2:13~14). 할 일을 마친 동방 박사들은 꿈에서 지시받은 대로 다른 길로 귀향했습니다. 헤롯왕에게 들르지 않고 말입니다. 이 모든 것이 편집증적인 헤롯왕이 베들레헴의 무고한 아이들을 학살하는 데 필요한 증거가 되기 때문입니다.

Q 마태복음에 나온 예수님의 탄생 이야기는 베들레헴의 유아들에 대한 헤롯의 폭력적 행위를 배경으로 합니다. 예수님의 탄생을 읽을 때 이러한 역사적 배경을 아는 것이 중요한 이유는 무엇입니까?

Q 이 사건과 관련 있는 성경의 다른 이야기들은 무엇입니까?

하나님은 아브라함에게 세 가지를 약속하셨습니다. 자손과 땅과 모든 민족에게 주어질 복에 관한 약속입니다. 예수님이 그 세 가지 약속을 모두 완벽하게 성취하실 것입니다. 예수님은 아브라함의 진정한 자손으로서 하나님 나라를 세우기 위해 오셨기 때문입니다. 누가복음에서 시므온이 노래한 것처럼, 예수님은 이방을 비추는 빛이 되실 것입니다. 그분을 통해 하나님이 열방에 복을 주실 것입니다.

> *"세상을 향한 하나님의 목적은 세상 사람들이 그리스도를 기쁘게 찬양하게 하는 것입니다."* [4]
> _데이비드 플랫

동방 박사들은 학식 있는 엘리트들로서 페르시아 궁정에서 막대한 권력을 행사하던 사람들입니다. 지식과 권력을 가졌지만, 그래도 채워지지 않는 것이 있었습니다. 그들은 무언가를 갈망했고, 마침내 별의 징조를 발견했을 때 그 별이 평생 찾아다녔으나 얻지 못했던 답으로 이끌어 주리라는 것을 알았던 것 같습니다. 그들은 유대인의 새 왕께 엎드려 절했는데, 마치 세상 나라들이 절하는 것 같습니다. 장차 만왕의 왕 예수 그리스도께 온 민족과 온 열방이 무릎 꿇고 경배할 날을 보여 주는 장면입니다.

Q 크리스마스 이야기에서 이 사건은 어떤 점에서 열방을 향한 하나님의 마음을 보여 줍니까?

결론

목자들과 동방 박사들의 관점에서 생각해 보지 않으면, 예수님 탄생의 의미를 제대로 이해할 수 없습니다. "그들 이야기가 곧 내 이야기임을 깨닫기 전까지는 누군가와 진정한 동행을 할 수 없다"는 랍비의 말을 떠올리게 됩니다. 우리는 이름 모를 양 우리에서 구유의 옆자리에 이른 목자들의 여정을 따라 걸어야 합니다. 목자들처럼 우리도 고된 일상에서 벗어나 우리 같은 사람에게 복음이 전해졌다는 사실을 깨달아야 합니다.

그리고 우리는 세상 사람들이 상상할 수 없을 정도로 큰 부와 교육을 누리고 있음을 알아야 합니다. 동시에 우리가 이러한 부와 교육에도 불구하고 무언가 중요한 것을 놓치고 있는 동방 박사들과 같다는 사실을 인정해야 합니다. 그 '무언가'는 오로지 예수님에게서만 찾을 수 있습니다.

그리스도와의 연결

예수님은 구약성경에 기록된 메시아에 대한 수많은 예언을 이루셨습니다. 약속된 메시아는 이름도 없이 낮고 천한 곳에서 태어나셨으나, 죽음과 부활을 통해 세상의 왕으로 높임을 받으셨습니다. 예수님의 비천한 탄생에서 우리는 모든 민족의 모든 사람을 사랑하시는 하나님을 발견하게 됩니다.

**하나님의
계획**
우리의 사명

목자들과 동방 박사들처럼, 우리도 예수님의 은혜를 증거하며 열렬히 찬양해야 합니다.

1. 그리스도인은 예수 그리스도의 겸손함을 본받으며 성장하기 위해 어떻게 해야 할까요? 그리스도인이 이를 잘 감당할 수 있도록 교회/공동체는 어떤 도움을 줄 수 있을까요?

2. 어떻게 하면 사회에서 소외된 사람들에게 하나님의 아름다운 사랑을 보여 줄 수 있을까요?

3. 각 족속과 백성과 방언과 나라를 구원하시려는 하나님의 계획을 교회/공동체는 어떻게 펼칠 수 있을까요?

아기 예수님이 태어나시다

*
금주의 성경 읽기
호 10~14장;
사 1~4장

소년 예수님이 아버지 집에 계시다

**신학적
주제**　소년 예수님은 하나님의 율법과 하나님 아버지께서 맡기신 사역에 헌신하는 모습을 보이셨습니다.

Session 4

성경은 예수님의 어린 시절을 들여다볼 수 있는 소중한 창입니다. 특히 누가복음에는 예수님이 열두 살 되셨을 때 유월절에 부모님을 따라 성전에 가셨던 일이 기록되어 있습니다. 그런데 누가는 왜 다른 이야기가 아니라 성전에 계신 예수님께 초점을 맞추었을까요? 소년 예수님이 성전에 머무셨던 것이 왜 그렇게 중요할까요?

Q 예수님의 어린 시절이 어땠을지 상상하기가 어려운가요? 그렇다면 또는 그렇지 않다면, 그 이유는 무엇인가요?

> "장차 그분의 가족이 확대되어 멀찍이 서서 그분을 바라보게 될 것인데(눅 23:49), 지금은 그분이 자기 부모에게 알리셨듯이 다른 분과 더 긴밀한 관계에 있습니다(눅 2:49). 부모는 자기 아들이 이방인이요 손님이시라는 사실을 안고 사는 법을 배워야 합니다. 그분은 다른 아버지의 명을 받고 계시기 때문입니다."[1]
>
> _폴 존 이삭

Date ．　．

Q 예수님의 어린 시절에서 어떤 부분이 가장 흥미로운가요?

이 세션에서는 하나님의 말씀을 향한 예수님의 열정을 보게 될 것입니다. 소년 예수님은 성전에 머무시며 종교 지도자들과 질문을 주고받으셨습니다. 예수님은 자신의 행동을 이해하지 못하는 부모에게 자신이 하나님 아버지의 일에 동참하고 있음을 선포하셨습니다. 여기서 하나님 아버지께 온전히 헌신하시고, 지상의 부모에게 순종하시는 완전한 사람으로서의 소년 예수님의 모습을 볼 수 있습니다. 우리는 예수님과 함께함으로써 하나님의 영광을 드러내며 지혜와 순종 가운데 자라도록 부름받았습니다.

1. 예수님은 하나님의 율법을 배우고 사모하십니다(눅 2:40~47)

예수님은 헤롯 안티파스가 통치하는 갈릴리 지역에서 자라셨습니다. 그와 달리, 남쪽은 로마 총독의 통치를 받고 있었습니다. 남쪽에 사는 유대인들은 갈릴리에 사는 유대인들보다 자신들이 율법을 더 잘지킨다고 생각했습니다. 예수님의 가족은 갈릴리 지역에 살고 있었지만, 하나님의 율법에 충실했습니다. 예를 들어, 누가는 요셉과 마리아가 유월절을 지키기 위해 해마다 갈릴리에서 열흘을 걸어 예루살렘으로 갔다고 기록했습니다.

[40]아기가 자라며 강하여지고 지혜가 충만하며 하나님의 은혜가 그의 위에 있더라 [41]그의 부모가 해마다 유월절이 되면 예루살렘으로 가더니 [42]예수께서 열두 살 되었을 때에 그들이 이 절기의 관례를 따라 올라갔다가 [43]그날들을 마치고 돌아갈 때에 아이 예수는 예루살렘에 머무

소년 예수님이 아버지 집에 계시다

셨더라 그 부모는 이를 알지 못하고 [44]동행 중에 있는 줄로 생각하고 하룻길을 간 후 친족과 아는 자 중에서 찾되 [45]만나지 못하매 찾으면서 예루살렘에 돌아갔더니 [46]사흘 후에 성전에서 만난즉 그가 선생들 중에 앉으사 그들에게 듣기도 하시며 묻기도 하시니 [47]듣는 자가 다 그 지혜와 대답을 놀랍게 여기더라

자녀는 자라면서 부모의 신앙을 받아들일지 말지를 선택해야 하는 때를 만납니다. 예수님의 부모 요셉과 마리아는 유월절을 지키기 위해 해마다 예루살렘으로 고된 길을 떠났습니다. 아마도 이때가 예수님의 생애에서 하나님의 아들이 자신의 특별한 부르심을 깨닫게 된 순간일 것입니다.

그렇게 해마다 부모와 함께 예루살렘으로 가서서 하나님의 성전에 들어가셨던 소년 예수님은 이제 독특한 방식으로 그곳이 하나님 아버지의 집임을 깨닫게 됩니다. (다음번에 성전에 계신 예수님을 볼 때는, 하나님 아버지의 집을 정결하게 하기 위해 생명의 위험을 무릅쓰고 성전에서 장사하는 자들을 내쫓으시는 모습을 보게 될 것입니다.)

Q 가정에서 종교적인 가르침을 받으며 자랐나요? 만약 그렇다면, 어떤 식으로 배웠나요?

Q 그러한 경험은 가족에 대한 책임감에 어떤 영향을 미쳤나요?

요셉과 마리아는 사람들과 함께 갈릴리를 향해 갔습니다. 그들은 하룻길을 걷고 나서야 어린 아들이 사라진 것을 깨닫고 다시 하룻길을 걸어 예루살렘으로 돌아왔습니다. 그들은 온종일 찾아 헤맨 끝에 성전 뜰에서 선생들과 앉아서 그들의 가르침에 귀 기울이고 있는 어린 아들을 발견할 수 있었습니다. 훗날 예수님은 젊은 랍비가 되어 바로 그 뜰에서 사람들을 가르치실 것입니다

(마 21:14, 23; 26:55; 눅 19:45).

본문을 자세히 들여다보면, 르네상스 시대 회화가 흔히 묘사한 것처럼 예수님이 가르치기만 하신 것은 아님을 알 수 있습니다. 누가는 예수님이 열두 살 소년답게 선생들에게 "듣기도 하시며 묻기도" 하셨다고 말합니다. 어른들과 구약성경에 관한 이야기를 주고받을 수 있는 나이였던 것입니다. 누가는 성전에서 예수님의 이야기를 듣던 사람들이 그 지혜로움에 감탄했다고 말합니다(47절). 예수님이 토론에 적극적으로 참여해 묻기도 하고 답하기도 하셨다는 것을 알 수 있습니다.

당시 유대인들은 "네 자녀에게 부지런히 가르치며 집에 '앉았을 때'에든지 '길을 갈 때'에든지 '누워 있을 때'에든지 '일어날 때'에든지 이 말씀을 강론할 것이며"(신 6:7)라는 신명기의 말씀을 매우 진지하게 받아들였습니다. 하루 종일 율법을 읽고 토론한다는 것은 그만큼 율법을 사모한다는 것을 의미합니다. 성전에 머무셨던 소년 예수님은 이와 같이 율법에 대한 열정을 보이셨습니다. 예수님은 자신의 집 안에서, 그리고 고향 나사렛 회당에서 그것을 보고 자라셨는데, 이제는 거룩한 도시 예루살렘 현장에서 자기 가족이 살아온 삶의 방식에 완전한 참여자가 되셨습니다.

 어린이들에게 성경 말씀을 듣고 질문할 기회를 어떤 식으로 주면 좋을까요?

2. 예수님은 아버지의 일에 참여하십니다(눅 2:48~50)

48그의 부모가 보고 놀라며 그의 어머니는 이르되 아이야 어찌하여 우리에게 이렇게 하였느냐 보라 네 아버지와 내가 근심하여 너를 찾았노라 49예수께서 이르시되 어찌하여 나를 찾으셨나이까 내가 내 아버지 집에 있어야 될 줄을 알지 못하셨나이까 하시니 50그 부모가 그가 하신 말씀을 깨닫지 못하더라

"어찌하여 우리에게 이렇게 하였느냐"라는 마리아의 말은 어머니로서 당연한 질문입니다. 그녀는 화를 내며 말했을 것입니다. 그런데 소년 예수님은 자신의 부모가 왜 화가 났는지, 왜 자신을 찾았는지 어리둥절하실 뿐이었습니다.

예수님은 마리아의 첫 번째 질문에 대답하지 않으시고 "네 아버지와 내가 근심하여 너를 찾았노라"(48절)라는 두 번째 질문에 대답하셨습니다. 어린 소년답게 예수님은 오히려 그들이 왜 자신을 찾았는지 궁금해하셨던 것입니다. 예수님의 생각에는 하나님 아버지가 계신 아버지의 집에서 아버지의 일에 참여하는 것이 당연했기 때문입니다. 경솔하거나 부주의해서가 아닙니다. 예수님은 자신이 누구인지 아셨고, 그대로 행동하셨던 것입니다.

Q 소년 예수님이 자신이 하나님 아버지의 일을 하고 있다고 말씀하신 것은 무슨 뜻입니까?

Q 우리는 육체적으로, 영적으로 성장하면서 하나님의 일에 어떻게 참여하게 됩니까?

예수님의 가족은 그분의 사명을 이해하지 못했지만, 예수님은 자신의 사명을 잘 알고 계셨습니다. 예수님은 성전에서 놀라운 명석함을 보여 주셨습니다. 예수님은 자신이 어디에 있어야 하며, 무엇을 해야 하는지 정확히 알고 계셨습니다. 예수님은 하나님 아버지의 일을 하기 위해 그곳에 계셨습니다(눅 2:49). 예수님은 하나님의 말씀을 공부하기 위해 모인 사람들과 함께 성경에 관해 토론하셨는데, 이때 주도적인 역할을 하기보다 다른 사람들과 함께 질문을 던지셨

> "하나님 아버지의 일 가운데 하나는 우리가 본받아야 할 완벽한 모범을 이 세상에 보내 주시는 것이었습니다. 하나님은 성도들의 삶에 모범이 될 다양한 책을 써 주셨고, 다양한 덕목을 기록해 주셨습니다. 마침내 하나님은 모든 사역을 한 권으로 모으시고, 우리 주 예수 그리스도의 인격에 모든 덕목을 응축하기로 결심하셨습니다."[2]
> _찰스 스펄전

습니다. 랍비들 사이에서는 중요한 질문을 할 줄 아는 능력이 높게 평가받았습니다. 대답을 듣는 것보다 질문을 던지면서 더 많은 것을 배우게 되기 때문입니다. 예수님은 사역을 하시면서 생각을 가다듬게 하는 질문을 던지곤 하셨습니다. 이것은 훌륭한 교사의 특징입니다.

우리는 하나님의 말씀을 중심으로 하는 믿음의 공동체에 함께함으로써 공동체의 삶에 참여하게 됩니다. 그것은 처음부터 예수님의 삶의 경험에 동참하는 것을 의미합니다. 젊은이들은 말씀이 토론되는 곳에 함께 있어야 하고, 그들의 질문은 단순하다 해도 진지하게 받아들여져야 합니다. 이러한 대화를 통해 더욱 말씀의 공동체에 참여할 수 있도록 그들을 격려해야 합니다.

Q 예수님이 하나님의 말씀을 사모하신 것과 하나님의 사역에 참여하신 것 사이에는 어떤 연관성이 있습니까?

Q 내 삶에서 하나님의 말씀과 하나님의 사역은 어떻게 연관되어 있나요?

3. 예수님은 하나님과 사람에게 사랑스러우셨습니다(눅 2:51~52)

⁵¹예수께서 함께 내려가사 나사렛에 이르러 순종하여 받드시더라 그 어머니는 이 모든 말을 마음에 두니라 ⁵²예수는 지혜와 키가 자라가며 하나님과 사람에게 더욱 사랑스러워 가시더라

누가는 우리가 이 사건의 본질을 분명히 알기 원합니다. 예수님이 부모에게 온전히 순종하셨음을 분명히 알라는 것입니다. 다섯 번째 계명이 "네 부모를 공경하라"는 것이기 때문입니다(신 5:16). 소년 예수님이 가족과 떨어지게 되

신 것은 그분이 불순종하셨기 때문이 아니었습니다. 예수님의 가족이 그분을 제대로 이해하지 못했기 때문이었습니다. 걱정하는 어머니 마리아에게 보인 반응도 대드신 것이 아니었습니다. 이렇게 제대로 이해받지 못하는 상황이 예수님의 생애 내내 이어졌습니다.

소년 예수님은 가족과 함께 나사렛으로 돌아가 순종하는 아들로 지내셨습니다. 그리고 "지혜와 키"가 자라면서 "하나님과 사람에게 더욱 사랑스러워"지셨습니다.

예수님은 완전한 사람으로 사시면서 경건한 가정뿐 아니라, 믿음의 공동체에도 참여하셨습니다. 다양한 관계를 맺으며, 더 많이 알아가셨습니다. 모든 면에서 예수님은 완벽한 모범이 되셨습니다. 예수님은 "네 부모를 공경하라"는 말씀에 온전히 순종하셨습니다. 그 결과 우리를 대신해 율법을 성취하실 수 있었습니다. 심지어 이해받지 못하는 상황에서도 순종하심으로써 하나님이 우리 위에 세워 주신 권위에 대한 순종이 감정에 따라 좌우되어서는 안 된다는 사실을 일깨워 주셨습니다. 하나님의 말씀에 순종한다면, 하나님이 세워 주신 권위자들을 공경해야 합니다.

> **핵심교리**
> **99**
>
> **48. 예수님의 무죄성**
>
> 성경은 예수님이 완전한 사람이심을 단언하면서, 생애 동안 죄가 전혀 없으셨던 분임을 확언합니다(고후 5:21; 히 7:26; 벧전 2:22). 그러나 예수님도 사람이시기에 죄의 유혹을 경험하셨습니다. 광야의 시험이 그것을 잘 보여 줍니다(마 4장). 그러나 히브리서 4장 15절이 증거하듯이 예수님은 온 인류가 겪는 것과 같은 시험과 유혹을 실제로 받으셨지만, 죄는 없으신 분입니다. 부패한 인간은 시험과 유혹을 받되 죄를 짓지 않는 경우를 생각할 수 없습니다. 그러나 예수님은 객관적으로 우리와 마찬가지로 인성에 따라 시험과 유혹의 도전과 시련을 받으셨지만, 주관적으로는 우리와 달리 죄를 범하지 않으셨습니다.

Q 권위자를 공경하기 어려운 때는 언제입니까?

52절은 이 이야기가 시작되는 40절과 들어맞습니다. 두 구절 모두 예수님이 사랑받으며 지혜롭게 성장하셨다고 말합니다. 마리아에게 약속하신 은혜(눅 1:30)가 예수님의 삶에도 아낌없이 부어졌습니다. 사람들이 소년 예수님에게 보여 준 호의는 예수님의 사역 초기에도 계속되었습니다. 예수님을 따르는 사람은 셀 수 없이 많았습니다. 그러나 메시아로서의 기대가 사그라지면서 사람들은 하나둘 떠나갔고, 결국 예수님은 십자가에서 홀로 돌아가셨습니다.

우리는 자주 예수님의 '과격한 모습'이나 '부딪히는 돌'과 같은 모습에 주목하곤 합니다. 그러나 사실 주님은 생애 내내 사람들과 친밀한 관계를 맺으셨습니다. 어린 시절 예수님은 성전에서 성경에 대한 탁월한 이해력으로 장로들에게 감동을 주셨습니다. 이것을 시작으로 사람들로부터 계속해서 "그 사람이 말하는 것처럼 말한 사람은 이때까지 없었나이다"(요 7:46; 참조, 마 7:28~29)라는 찬사를 들으셨습니다.

예수님은 지상에서 짧은 생애를 사시는 동안 많은 사람의 마음을 얻으셨습니다. 그들은 그분의 말씀뿐 아니라 베푸시는 친절과 온정에 감동했습니다. 예수님은 어두운 세상에서 그들이 빛을 낼 수 있도록 격려해 주셨습니다. 우리도 예수님처럼 우리를 둘러싼 세상과 하나님의 말씀에 참여함으로써 최선을 다해 사람들의 마음을 얻어야 합니다.

Q 어떻게 하면, 세상의 반대에 부딪히면서도 주변 사람들에게 사랑을 받을 수 있을까요?

Q 주변 사람들의 사랑을 받기 위해서는 어떤 성품을 가져야 할까요?

결론

소년 예수님은 이해받지 못할 때가 많으셨지만, 자신을 향한 하나님의 부르심과 목적을 결코 잊지 않으셨습니다. 훗날 사탄이 광야에서 예수님의 정체성에 도전할 때도 주님은 하나님 아버지의 뜻에 신실하게 순종하셨습니다. 12살 소년 예수님은 부모로부터 걱정 어린 잔소리를 들으셨지만, 변함없는 마음으로 순종하셨습니다. 예수님의 부모는 그분의 정체성과 사역을 조금씩 이해하게 되었습니다.

우리도 하나님을 따르고자 할 때, 예수님처럼 주변으로부터 이해를 받지 못할 수도 있습니다. 그리스도 안에서 얻은 새로운 정체성 때문에 주변으로부터 도전을 받을 수도 있습니다. 심지어 가족 중 누군가가 도전할 수도 있습니다. 그러나 예수님의 모범을 따르기만 한다면, 우리도 주님의 은혜에 힘입어 우리를 향하신 하나님의 뜻에 순종할 수 있습니다.

> "우리의 실패와 죄와 깨어짐에도 불구하고, 예수 그리스도의 삶을 통해 주신 하나님의 말씀은 판단 기준이요 진정한 평안의 근원이며 은혜의 메시지요 영원히 유효할 죄 사함의 약속이자 치유입니다."[3]
>
> _마르바 던

그리스도와의 연결

예수님은 지혜와 키가 자라가면서 하나님과 사람에게 더욱 사랑스러워지셨습니다. 그분은 하나님 아버지께서 맡기신 영원한 사명을 수행하시기 위해 삶에서 한 걸음씩 준비되셨습니다. 우리 죄를 대신해 십자가에서 죽으시고 다시 살아나심으로써 승리하는 사명을 수행하시기 위해서 말입니다.

하나님의
계획
우리의 사명

하나님은 우리에게 예수님과 함께 하나님의 일에 참여함으로써
지혜와 순종을 배우라고 말씀하십니다.

1. 교회/공동체는 주변 사람들이 하나님의 말씀을 더욱 사모하며 배우도록 어떻게 독려
   할 수 있을까요?

   ____

   ____

   ____

2. 교회/공동체는 나이에 상관없이 모든 그리스도인이 하나님의 뜻과 역사에 순종하며
   지혜로 자라가도록 어떻게 도울 수 있을까요?

   ____

   ____

   ____

3. 권위자를 공경하는 것이 하나님을 향한 공경을 보여 주고 예수님의 복음을 전하는 것
   이 되는 이유는 무엇입니까?

   ____

   ____

   ____

*
금주의 성경 읽기
사 5~12장

하나님의 아들이 세례를 받으시다

 예수님은 세례를 통해 죄 많은 자기 백성과 같아지셨습니다.

Session 5

예수 그리스도의 복음(좋은 소식)에 관한 이야기는 세례 요한으로 시작됩니다. 사복음서 모두 세례 요한의 소개로 예수님의 이야기를 시작합니다. 여기서 우리는 세례 요한이 엘리야까지 거슬러 올라가는 선지자의 임무를 맡고 있음을 알 수 있습니다. 세례 요한은 예수님이 세상 죄를 지고 갈 하나님의 어린 양이심을 알아봤습니다.

세례 요한의 회개 선포와 세례 강조는 마태복음의 첫 독자들에게도 필요한 것이었습니다. 우리처럼 그들도 '회개'를 거쳐야 했습니다. 회개로 번역된 헬라어 단어의 뜻은 '돌아서다'입니다. 그리스도인의 회개는 죄에서 돌이켜 믿음으로 하나님께 돌아서는 것입니다. 또한 우리처럼 그들도 날마다 회개하는 삶의 방식을 발전시킬 필요

> *"죄로 인해 마음 아프게 하시는 주님의 은혜만큼 사려 깊은 배려도 없습니다. 복음적인 회개는 우리를 사랑하시는 그리스도께서 사면과 용서를 베푸시리라는 소망에서 비롯됩니다. 그리스도께서 베푸시는 친절은 겸손하고 온화합니다."[1]*
>
> _매튜 헨리

Date . .

가 있었습니다. 매일은 죄 사함의 필요성을 새로이 깨닫게 하는 또 하나의 기회입니다. 죄 사함은 세례를 통해 우리와 같아지신 예수님, 바로 그분이 우리에게 주시는선물입니다.

Q 세례를 받은 적이 있다면, 그때의 기억을 떠올려 보세요. 어떤 장면과 감정이 떠오릅니까?

이 세션에서는 세례 요한을 만나게 될 것입니다. 그는 예수님의 지상 사역을 위한 길을 예비한 예언자입니다. 세례 요한은 사람들에게 죄 사함을 위한 회개의 메시지를 선포하고, 하나님께 대한 헌신의 상징으로 세례를 베푸는 것으로 그 길을 예비했습니다. 예수님은 죄가 없으신 분이지만, 세례를 받으셨습니다. 그분의 죄 많은 백성들과 하나가 되시고, 하나님의 의를 나타내시기 위함입니다. 세례는 예수님의 죽음과 부활 안에서 그리스도와의 연합을 상징하며, 하나님의 백성이 되었다는 표시입니다.

1. 세례 요한이 예수님의 길을 예비합니다(마 3:1~6)

[1]그때에 세례 요한이 이르러 유대 광야에서 전파하여 말하되 [2]회개하라 천국이 가까이 왔느니라 하였으니 [3]그는 선지자 이사야를 통하여 말씀하신 자라 일렀으되 광야에 외치는 자의 소리가 있어 이르되 너희는 주의 길을 준비하라 그가 오실 길을 곧게 하라 하였느니라 [4]이 요한은 낙타털 옷을 입고 허리에 가죽 띠를 띠고 음식은 메뚜기와 석청이었더라 [5]이때에 예루살렘과 온 유대와 요단강 사방에서 다 그에게 나아와 [6]자기들

의 죄를 자복하고 요단강에서 그에게 세례를 받더니

3절을 보면, 세례 요한의 사역이 이사야 40장 3절 말씀으로 묘사되어 있음을 알 수 있습니다. 그는 광야에서 "너희는 주의 길을 준비하라"라고 외치는 사람이었습니다. 당신이라면, 사람들이 예수님을 메시아로 영접하도록 어떻게 준비시키겠습니까? 세례 요한은 오직 예수님만이 베푸실 수 있는 용서가 필요하다는 사실을 깨닫게 해 주는 것이 답이라고 말했습니다. 그러니 그들에게 회개를 촉구해야 할 것입니다.

 **주님의 말씀을 받아들이는 데 있어 회개는 우리를 어떻게 준비시킵니까?**

세례 요한은 광야에서 설교했습니다(마 3:3~4). 그는 낙타털 옷을 입었고, 메뚜기와 석청을 먹었습니다. 이것은 당시 광야에서 사는 사람의 특징이었습니다. 그러나 세례 요한의 가장 중요한 특징은 특이한 옷차림이나 식습관이 아니라 "회개하라!"라는 메시지를 전하는 데 쏟은 집념입니다. 세례 요한은 엘리야 선지자가 전한 것과 같은 메시지를 전했습니다(참조, 왕하 1:8). 그는 주의 길을 예비하는 선지자였던 것입니다.

세례 요한의 선포에 사람들이 동요했습니다(5~6절). 예루살렘과 유대 온 지역에서 사람들이 몰려왔습니다. (안드레는 세례 요한의 제자 중 한 명이었습니다. 이것으로 세례 요한의 영향력이 북쪽 갈릴리 지역에까지 미쳤음을 알 수 있습니다.)

우리 시대에도 주님의 '길'은 여전히 예비되고 있습니다. 성령님이 죄를 깨닫게 하시고, 회개로 이끄심으로써 우리 마음을 부드럽게 하십니다. 회개 메시지 선포를 이

> "선지자들의 예언과 세례 요한 자신의 설교에 따르면, 한 가지 사실은 분명합니다. 세례 요한은 길을 만들고 준비하기 위해 이 땅에 왔다는 것입니다. 세례 요한은 죄 사함의 은총을 베풀지는 않았지만, 사람들이 하나님을 영접할 수 있도록 그들의 영혼을 미리 준비시켰습니다."[2]
> _요한 크리소스톰

상하게 여기는 사람이 많습니다. 하지만 이것은 구원의 필요성을 깨닫기 위한 필요조건입니다. 죄인들을 위해 회개의 길이 준비되어 있으며, 회개는 세례로 입증됩니다. 회개하고 예수님께 돌이킬 모든 이를 위해 세례가 준비되어 있습니다. 죄를 깨끗하게 하고, 실패를 용서받으며, 하나님을 향한 헌신을 회복하기 위해 세례를 받습니다.

Q 그리스도인이 하나님께 자기 죄를 고백하는 것이 합당한 이유는 무엇입니까?

Q 회개는 어떤 결과를 가져옵니까?

2. 세례 요한이 회개를 선포하고 세례를 베풉니다(마 3:7~12)

7요한이 많은 바리새인들과 사두개인들이 세례 베푸는 데로 오는 것을 보고 이르되 독사의 자식들아 누가 너희를 가르쳐 임박한 진노를 피하라 하더냐 8그러므로 회개에 합당한 열매를 맺고 9속으로 아브라함이 우리 조상이라고 생각하지 말라 내가 너희에게 이르노니 하나님이 능히 이 돌들로도 아브라함의 자손이 되게 하시리라 10이미 도끼가 나무뿌리에 놓였으니 좋은 열매를 맺지 아니하는 나무마다 찍혀 불에 던져지리라 11나는 너희로 회개하게 하기 위하여 물로 세례를 베풀거니와 내 뒤에 오시는 이는 나보다 능력이 많으시니 나는 그의 신을 들기도 감당하지 못하겠노라 그는 성령과 불로 너희에게 세례를 베푸실 것이요 12손에 키를 들고 자기의 타작마당을 정하게 하사 알곡은 모아 곳간에 들이고 쭉정이는 꺼지지 않는 불에 태우시리라

7절에서 마태는 바리새인과 사두개인 무리가 세례 요한이 세례를 베푸는 요단강 근처에 있었다고 말합니다. 세례 요한은 그들을 "독사의 자식들"이라고 부르며 예언적 비난을 쏟아냈습니다. 세례 요한의 사촌이신 예수님도 바리새인을 묘사할 때, 그와 같은 말씀을 하셨습니다(마 12:34; 23:33).

9절에서 세례 요한은 아브라함의 자손이라고 자랑하는 종교 지도자들을 매섭게 공격했습니다. 훗날 예수님도 그와 똑같이 하셨습니다(참조, 마 8:11; 눅 13:28; 요 8:39). 세례 요한은 그들이 회개의 열매를 맺기 원했습니다. 그들이 회개하지 않는다면, 그들은 '나무가' 잘려서 불에 던져지는 것과 같은(10절) 운명에 처해질 것입니다. 다시 말해서, 종교 지도자들이 회개하지 않는다면, 그들에게도 심판이 내려질 것입니다.

11절에서 세례 요한의 메시지는 결국 미래로 향하고, 예수님께로 향했습니다. 그는 물로 베푸는 자신의 세례와 장차 성령과 불로 베푸실 예수님의 세례를 비교했습니다. 세례 요한의 메시지에는 '키', '타작마당', '알곡', '불' 등 구약의 이미지가 가득합니다(참조, 사 17:13; 66:24; 렘 13:24; 15:7; 51:33; 욜 3:12~14).

Q 세례 요한이 종교 지도자들에게 유난히 가혹하게 말했던 이유는 무엇입니까?

Q 그의 메시지는 어떻게 '예수님의 길을 준비하는 일'이 됩니까?

세례 요한은 종교 지도자들을 매섭게 공격했지만, 한편으로는 믿을 수 없을 정도로 겸손했습니다. 자기 자신을 잘 인식하고 겸손했기에 위선을 적나라하게 지적할 수 있었던 것입니다. 세례 요한은 회개의 메시지를 선포할 뿐만 아니라, 회개에 따라야만 하는 겸손한 태도를 보여 주었습니다. 겸손함은 물로 주는 세례에서 나타납니다.

겸손하지 않으면 회개가 필요한 이유를 알 수 없습니다. 겸손하지 않으면 죄 문제를 해결해야 한다는 것을 깨닫지 못합니다. 겸손하지 않으면 자존심을 접고 순복하여 세례를 받으려는 행동을 하지 않을 것입니다.

물로 세례를 받을 때 육체가 물에 젖는 것을 실감하고, 회중 앞에서 물에 젖음으로써 창피함을 느낍니다. 그리고 물로 세례를 받은 후 기쁨을 느낍니다. 이 모든 느낌은 우리가 예수님의 첫 제자들과 공유할 수 있는 동일한 느낌들입니다.

> **핵심교리 99**   **92. 세례**
>
> 세례는 그리스도의 죽음과 장사됨과 부활을 믿는 믿음을 상징하는 순종의 행위입니다. 그럼으로써 신자도 예수 그리스도 안에서 죄에 관해 죽고, 옛사람을 장사 지내며, 새로운 삶을 살도록 부활하는 것을 의미합니다. 또한 죽은 자들이 마지막 날에 부활할 것을 믿는다는 믿음의 고백이기도 합니다. 세례는 교회의 정식 구성원으로서 성만찬에 참여할 특권을 누리기 위한 전제 조건입니다.

Q 세례는 그리스도를 통한 구원의 길을 어떻게 제시합니까?

Q 세례와 겸손은 어떤 관계가 있습니까?

3. 하나님의 아들이 세례를 통해 자기 백성과 같아지셨습니다

(마 3:13~17)

[13]이때에 예수께서 갈릴리로부터 요단강에 이르러 요한에게 세례를 받으려 하시니 [14]요한이 말려 이르되 내가 당신에게서 세례를 받아야 할 터인데 당신이 내게로 오시나이까 [15]예수께서 대답하여 이르시되 이제 허락하라 우리가 이와 같이 하여 모든 의를 이루는 것이 합당하니라 하시니

이에 요한이 허락하는지라 ¹⁶예수께서 세례를 받으시고 곧 물에서 올라
오실새 하늘이 열리고 하나님의 성령이 비둘기같이 내려 자기 위에 임하
심을 보시더니 ¹⁷하늘로부터 소리가 있어 말씀하시되 이는 내 사랑하는
아들이요 내 기뻐하는 자라 하시니라

세례 요한은 자신에게서 세례를 받으려 하시는 예수님을 말렸습니다(14절).
자신이 예수님에 비해 얼마나 작은 존재인지를 말해 왔던 그였기에 오히려 예수
님이 자신에게 세례를 베푸셔야 마땅하다고 생각했습니다. 그러나 이것은 세례
요한의 오해입니다. 그는 죽기 전에도 예수님을 한 번 더 오해했습니다(마 11:3).

마태복음에서 예수님의 첫마디가 15절에 나옵니다. 영화나 책에서는 주
인공의 첫마디가 매우 중요합니다. 예수님은 "이제 허락하라 우리가 이와 같이
하여 모든 의를 이루는 것이 합당하니라"라고 말씀하셨습니다. 이것은 무엇을
의미합니까? 회개의 세례를 통해 하나님의 의를 어떻게 이루신다는 것입니까?
예수님이 회개할 잘못을 저지른 적이 있으셨나요?

예수님은 요한에게 세례를 받으셨지만, 회개하신 것은 아닙니다. 예수님
은 세례받으실 때 회개가 필요한 우리와 함께하고 계셨던 것입니다. 예수님은
죄 많은 인간과 자신을 근본적으로 동일시하셨습니다. 이렇게 말씀하신 것과
같습니다. "나는 죄인들과 함께 있을 것이다. 십자가 위에서 죽는 순간까지도
그들과 함께할 것이다. 그리하여 결국에는 그들이 자기 죄에서 해방될 것이다."

Q 자기 죄를 인정하고 하나님의 백성으로서의 정체성을 확인하는 것이 세례라면, 세례
는 자신을 바라보는 방식이나 신자로서 선택하는 방식에 어떤 영향을 미칠까요?

예수님은 물에서 올라오실 때, 하늘이 열리고 성령이 비둘기같이 자기
위에 내려오는 것을 보셨습니다. 마가복음은 바로 그 성령이 이제 곧 예수님을
광야로 내몰 것이라고 말합니다(막 1:12).

예수님은 하나님 아버지의 부르심에 자신을 맡기셨습니다. 그 부르심은

궁극적으로 십자가로 이끌어 갈 것입니다. 세례의 순간은 예수님이 하나님의 부르심을 받아들이셨음을 나타내며, 하나님께 완벽한 아들로서 받아들여졌음을 보여 줍니다. 예수님은 세례 요한보다 도덕적으로 우월함을 드러내실 수도 있었습니다. 그러나 예수님은 하나님 아버지의 뜻에 겸손히 순종하며 세례를 받으셨습니다. 죄를 지은 적이 없으신데도 말입니다.

그러자 하나님이 세상 모든 자녀가 아버지에게 듣고 싶어 하는 말을 들려주셨습니다. 이제 곧 광야로 가게 될 예수님이 꼭 듣고 싶었던 말, 즉 "내가 너를 사랑한다", "내가 너를 기뻐한다"라는 말씀입니다. 예수님이 하나님의 아들이라는 것을 확인해 주신 것입니다. 열두 살 때 성전에서 자각하셨던 것으로 보이는 바로 그 정체성입니다. 그리고 사탄이 광야에서 공격해 파괴하려고 들었던 바로 그 정체성입니다. 사탄이 활동한 광야는 요단강에서 고작 몇 킬로미터 떨어져 있었습니다.

Q 성부 하나님이 예수님에게 하신 "이는 내 사랑하는 아들이요 내 기뻐하는 자라"라는 말씀은 세례받을 때 우리에게도 동일하게 주어지는 말씀입니다. 하나님이 기뻐하시는 자녀로 불러 주시는 것은 무엇을 의미합니까?

예수님이 세례와 십자가의 죽음으로써 죄인들과 온전히 하나가 되신 것은 주님을 따르는 이들에게 모범이 됩니다. 우리는 주님의 모범을 따르도록 부름받았습니다. 예수님이 가난한 자들과 함께하셨듯이 우리도 가난한 자들과 함께해야 하며, 예수님이 세상의 빛이셨듯이 우리도 세상의 빛이 되어야 합니다(마 5:14; 요 8:12; 9:5). 예수님이 십자가를 지셨듯이 우리도 자기 십자가를 져야 합니다(마 10:38; 16:24). 예수님이 우리와 같아지셨듯이 우리도 예수님의 몸 된 교회와 하나가 되어야 합니다. 우리는 주님께 어떤 것을 요구할 권리가 하나도 없는데, 예수님은 우리에게 모든 것을 내어 주셨습니다. 이와 마찬가지로 세상은 우리에게 어떤 것을 요구할 권리가 없지만, 우리는 주님을 위해 세상에 모든 것을 내어 주어야 합니다. 심지어 우리의 목숨까지도 말입니다.

결론

회개의 세례를 기꺼이 받으신 모습에서 성부 하나님께 온전히 순종하시는 성자 하나님을 봅니다. 세례의 물에 몸을 담그심으로써 예수님은 인간과 근본적으로 같아지셨습니다. 세례 요한은 사람들에게 회개를 촉구하는 메시지를 전함으로써 예수님의 길을 준비했습니다. 예수님은 그에게 세례를 받으심으로써 회개한 신자들과 함께하셨습니다. 죄인들과 하나가 되실 뿐만 아니라, 그들의 죄를 대신 짊어지고 십자가에 못 박히시기까지 하셨습니다. 그리하여 단번에 세상 죗값을 치르셨습니다.

주님을 따르기로 결단했다면, 회개와 순종의 부르심을 받아들여야 합니다. 예수님처럼 우리도 죄인들과 함께하되, 죄를 짓지는 말아야 합니다. 그들을 용서하기 위해서가 아니라, 진정한 용서를 베푸신 오직 한 분 예수님을 영접하도록 인도하기 위해서 말입니다. 주님은 완전하고도 겸손하신 하나님의 아들이십니다.

> "세례란 인생에서 하고 싶은 것을 마음껏 할 자유를 버리는 것을 의미합니다. 그리고 하나님의 백성과 함께 하나님의 백성을 섬기는 임무를 받아들이는 것을 뜻합니다."[3]
>
> _팀 스태포드

그리스도와의 연결

예수님은 세례를 받으심으로써 하나님께 드리는 완전한 순종을 보여 주셨으며, 죄인들과 하나가 되셨습니다. 예수님의 세례는 십자가에서의 죽음과 무덤으로부터의 부활을 나타냅니다. 세례를 받으실 때, 그분 위에서 선포된 말씀은 그리스도 안에 있는 우리에게도 똑같이 적용되는 진리의 말씀입니다. 우리는 하나님이 기뻐하시는 아들 안에 있는 하나님 아버지의 사랑하는 자녀들입니다.

하나님의
계획
우리의 사명

하나님은 우리에게 회개하고, 하나님의 백성으로서 예수님과 하나가 되는 표시로 세례를 받으라고 말씀하십니다.

1. 어떻게 하면, 매주 하나님의 말씀을 받아들일 마음의 준비를 할 수 있을까요?

2. 불신자나 새 신자에게 세례의 중요성을 어떻게 설명하면 좋을까요?

3. 세례를 통해 그리스도와 하나가 된 것은 사명을 감당하는 데 어떻게 격려가 됩니까? 새 신자의 세례는 어떤 의미가 있습니까?

하나님의 아들이 세례를 받으시다

*
금주의 성경 읽기
미 1~7장

하나님의 아들이 시험을 받으시다

신학적 주제 광야에서 아담과 이스라엘 백성은 시험에 넘어졌지만, 예수님은 시험을 이기셨습니다.

Session 6

'영적인 삶'은 광야나 사막 여행에 비유됩니다. 주님을 따르라는 엄청난 초대에 응하는 어려운 결정을 내릴 때, 즉 하나님께 "예"라고 순종의 대답을 할 때, 믿음의 여정이 시작됩니다. 여정 내내 광야의 시험이 계속될 것입니다. 오늘날 예수님께 헌신하기로 한 그리스도인들은 점점 더 극심해져 가는 시험에 놀라곤 합니다. 예수님의 광야 시험 이야기는 헌신에는 고난이 따른다는 중요한 가르침을 줍니다. 심지어 고난은 신실함의 시험대가 되기도 합니다.

> "주님이 우리에게 들려주신 잊지 못할 세 장면 모두에서 사탄은 바로 이 문제를 중심으로 유혹합니다. 즉 '네가 하나님의 아들이거든, 네 방식대로 하나님의 일을 행하라. 아들의 특권을 행사하라.' 그러나 예수님은 사탄이 제안한 '지름길'을 일부러 거절하십니다. 그리고 고난이 따르는데도 피하지 않고 멀고도 먼 길을 택하십니다."[1]
>
> _오스왈드 챔버스

Date . .

Q 오늘날 그리스도인들이 경험하는 시험에는 어떤 것들이 있나요?

Q 이러한 시험이 흔하게 일어나는 이유는 무엇인가요?

이 세션에서는 광야 시험을 신실하게 이기신 예수님을 보게 됩니다. 에덴 동산에서 쫓겨난 아담과 하와나 광야 생활을 하던 이스라엘 자손들과 달리 예수님은 하나님의 뜻을 떠나 자기 욕구를 만족시키거나, 하나님을 시험하고 그분의 약속을 불신하지 않으셨습니다. 이 땅에서 영광을 취하는 대신, 오직 십자가만을 바라보며 사악한 자의 시험에서 승리하셨습니다. 그리스도인인 우리는 우리를 대신해 시험을 이기신 구주를 믿음으로써 어떤 유혹에도 맞설 수 있습니다.

1. 첫 번째 시험, 하나님의 뜻 대신 자기 욕구를 만족시켜라

(마 4:1~4)

예수님이 세례를 받으실 때 성부 하나님이 사랑하는 아들로 예수님의 정체성을 확인해 주셨고, 성령님이 비둘기같이 그분 위에 내리셨습니다. 그런데 바로 그 성령님이 예수님을 광야의 시험대로 이끄셨습니다. 자연스럽게도 예수님의 첫 번째 시험은 하나님의 아들이라는 정체성에 관한 것이었습니다. 이것은 예수님이 세례에서 들었던 말씀이었습니다.

복음서 기자는 예수님이 요단강에서 세례받으신 이야기와 광야에서 시험 받으신 이야기를 하나로 엮어 냈습니다. 세례는 광야로 가는 관문이었습니다.

[1]그때에 예수께서 성령에게 이끌리어 마귀에게 시험을 받으러 광야로 가사 [2]사십 일을 밤낮으로 금식하신 후에 주리신지라 [3]시험하는 자가 예수께 나아와서 이르되 네가 만일 하나님의 아들이어든 명하여 이 돌들로 떡덩이가 되게 하라 [4]예수께서 대답하여 이르시되 기록되었으되 사람이 떡으로만 살 것이 아니요 하나님의 입으로부터 나오는 모든 말씀으로 살 것이라 하였느니라 하시니

'광야'는 하나님이 우리로 하여금 하나님의 자녀임을 알게 하려고 사용하시는 장소입니다. 구약에서 하나님은 자기 백성을 광야로 부르셔서 하나님을 알게 하시고, 진정으로 예배하는 법을 배우게 하셨습니다.

예수님의 광야 시험도 마찬가지였습니다. 예수님은 요단강에서 하나님의 아들로 선포되셨고, 광야 시험에서 순종을 보이심으로써 하나님 아버지와의 관계가 견고해졌습니다. 하나님의 자녀가 된다는 것의 의미를 보여 주신 것입니다.

우리도 마찬가지입니다. 우리는 정상에서 바닥으로 떨어지거나 좋은 시절을 지나 광야 같은 고난의 때로 들어가곤 합니다. 왜냐하면 오직 영적 광야에서만 하나님의 가치를 배

> **핵심교리 99**
>
> **40. 시험과 죄**
>
> 시험이 곧 죄는 아닙니다. 시험이란 자연스럽고 선한 욕망이 하나님께 영광을 돌리기보다 자기를 기쁘게 하려는 쪽으로 뒤틀린 것과 관련됩니다. 예수님은 우리와 똑같이 연약한 인성을 따라 하나님보다 자기를 기쁘게 하도록 충동하는 환경에 놓이셨고, 도전을 받으셨습니다. 이러한 의미에서 예수님도 시험을 받으셨습니다. 그러나 예수님은 결코 자신을 기쁘게 하려는 욕망에서 이러한 도전을 받아들이지 않으시므로 신실하게 시험을 물리치시고 하나님 아버지의 뜻을 따르셨습니다. 자신의 연약함을 안다면, 우리를 죄로 이끄는 시험에 대한 경계를 늦추어서는 안 됩니다(마 26:41). 또한 하나님이 우리를 악에서 구해 주시기를 기도해야 합니다(마 6:13).

울 수 있기 때문입니다. 오직 그곳에서만 어려운 때에 하나님을 신뢰하는 법을 배우고, 하나님의 아들딸로서의 정체성을 확인할 수 있습니다.

 **영적인 광야를 경험한 적이 있나요? 구체적으로 어떤 상황이었나요?**

____

____

____

사탄은 예수님을 공격하는 첫마디에서부터 자신의 의도를 드러냈습니다. "네가 만일 하나님의 아들이어든…"(3절). 예수님을 시험하는 사탄의 전략을 알기 위해서는 그의 첫마디부터 파악해야 합니다. 사탄은 예수님으로 하여금 자기 정체성을 의심하게 하고, 금식 후 주리고 지친 예수님의 식욕을 자극했습니다.

"돌들로 떡덩이가 되게 하라"는 유혹에는 음식이 사람에게 꼭 필요한 요소라는 전제가 깔려 있습니다. 그러나 예수님은 그렇지 않다고 대답하셨습니다. 세 가지 시험마다 예수님은 신명기 말씀을 인용하셨는데, 여기서는 "사람이 떡으로만 살 것이 아니요"라는 신명기 8장 3절을 인용해 대답하셨습니다.

떡은 육신의 생명을 위해 필요한 음식입니다. 그러나 영의 생명이 떡보다 더 중요합니다. 영적 생명은 하나님의 말씀으로만 채워질 수 있습니다. 하나님의 아들이신 예수님은 비록 육신은 굶주릴지라도 요단강에서 자기 위에 내려진 말씀으로 영이 채워졌음을 아셨습니다.

"이는 내 사랑하는 아들이요 내 기뻐하는 자라"(마 3:17).

> "사탄이 하나님의 자녀를 유혹하는 것은 그들 안에 죄가 있어서가 아니라 은혜가 있기 때문입니다. 은혜가 없다면, 악마가 괴롭힐 일도 없을 것입니다. … 시험을 받는 것은 고생스러운 일이지만, 왜 받는가를 생각하면 위로가 될 것입니다."[2]
>
> _토마스 왓슨

예수님은 자신이 누구인지 아셨습니다. 예수님은 광야에서 굶주림으로 구걸하는 자가 아니라, 성부 하나님의 말씀으로 기뻐하는 아들이십니다.

아담과 하와나 이스라엘처럼, 우리도 하나님이 모든 것을 공급해 주심에도 불구하고 신실하지 못한 경향이 있음을 알아야 합니다. 예수님이 받으신 첫 번째 시험 이야기는 예수님이 하나님의 공급하심을 끝까지 신뢰하셨음을 보여 줍니다. 우리는 주님의 승리에 힘입어 그분의 발자취를 따르는 사람들입니다.

Q 예수님이 돌들로 떡덩이가 되게 하시는 것이 왜 잘못된 일일까요?

Q 예수님의 대답은 우리에게 하나님 말씀의 중요성에 관해 무엇을 가르쳐 주나요?

2. 두 번째 시험, 하나님을 시험하고 그분의 약속을 의심하라

(마 4:5~7)

⁵이에 마귀가 예수를 거룩한 성으로 데려다가 성전 꼭대기에 세우고 ⁶이르되 네가 만일 하나님의 아들이어든 뛰어내리라 기록되었으되 그가 너를 위하여 그의 사자들을 명하시리니 그들이 손으로 너를 받들어 발이 돌에 부딪치지 않게 하리로다 하였느니라 ⁷예수께서 이르시되 또 기록되었으되 주 너의 하나님을 시험하지 말라 하였느니라 하시니

사탄이 예수님을 웅장한 성전 꼭대기로 데려갔습니다. 예수님이 첫 번째 시험에서 조금도 흔들리지 않자 전략을 바꾼 것입니다. 여기서 사탄은 '하나님은 그의 사랑하시는 이를 보호하신다'는 내용의 시편 91편 11~12절 말씀을 인용했습니다.

Q 성경을 인용하는 것으로는 옳고 그름을 결정하기가 충분치 않은 이유는 무엇인가요?

Q 죄를 정당화하기 위해 말씀을 왜곡하는 것을 본 적이 있나요?

사탄은 예수님이 이 두 구절을 전체 맥락과 상관없이 따로 떼어 이해하도록 의도했습니다. 그러나 시편 91편은 전능하신 하나님을 믿고 신뢰하는 자에 관한 이야기입니다. 시편 기자는 그가 왜 두려워하지 않으며, 왜 주님을 피난처로 삼는지에 관해 썼습니다. 간단히 말해서, 시편 91편은 하나님을 전적으로 신뢰하는 사람의 노래입니다.

사탄은 시편 구절을 믿음의 맥락에서 떼어 인용해 하나님을 불신하도록 유도함으로써 말씀을 왜곡했습니다. 예수님이 성전 꼭대기에서 뛰어내리신다면, 그것은 곧 하나님을 시험하는 것입니다. 하나님의 아들이라는 징표를 보여 달라고 요청하는 것이기 때문입니다. 즉 예수님이 세례받으실 때 성부 하나님이 주신 말씀으로는 충분하지 않으니, 그때 주신 말씀이 진실한지 증명해 달라고 요청하는 것이기 때문입니다. 이번에도 예수님은 "너희의 하나님 여호와를 시험하지 말고"(신 6:16)라는 신명기 말씀을 인용해 대답하십니다.

예수님이 시험받으신 이야기는 삶의 광야에서 겪는 고통을 이해하는 데 도움이 됩니다. 하나님의 말씀이야말로 확신의 근거가 됩니다. 말씀에 대한 믿음과 신뢰가 사탄의 계속되는 거짓말을 이겨 낼 힘을 줍니다. 예수님도 하나님의 말씀에 의지하셨는데, 우리는 오죽하겠습니까?

Q 하나님이 약속을 지키시는지 확인하기 위해 '하나님을 시험'한 적이 있나요?

---

3. 세 번째 시험, 십자가는 잊고 스스로 영광을 취하라(마 4:8~11)

8마귀가 또 그를 데리고 지극히 높은 산으로 가서 천하만국과 그 영광을 보여 9이르되 만일 내게 엎드려 경배하면 이 모든 것을 네게 주리라 10이에 예수께서 말씀하시되 사탄아 물러가라 기록되었으되 주 너의 하나님께 경배하고 다만 그를 섬기라 하였느니라 11이에 마귀는 예수를 떠나고 천사들이 나아와서 수종 드니라

앞서 언급했듯이, 광야는 참 예배에 관해 배우는 곳입니다. 예수님은 사십일 밤낮을 광야에 계셨습니다. 사탄은 성경 말씀을 인용해 시험하던 전략을 버리고, 이번에는 직접 보여 주며 유혹했습니다. 마지막 유혹은 "만일 내게 엎드려 경배하면 이 모든 것을 네게 주리라"(9절)라는 간교한 뱀의 소리입니다.

하지만 예수님은 자신이 누구인지 아셨습니다. 십자가를 통해서 하나님 나라가 이루어지리라는 것도 아셨습니다. 하나님 나라는 스스로 높아지는 데서가 아니라, 스스로 희생하는 데서 세워질 것임을 아셨습니다. 또한 자신이 하나님의 아들임을 아는 데서 영광이 흘러나온다는 것을 아셨습니다. 그래서 예수님은 다시 한 번 "네 하나님 여호와를 경외하며 그를 섬기며 그의 이름으로 맹세할 것이니라"(신 6:13)라는 신명기 말씀을 인용해 대답하셨습니다(10절).

> "사탄이 광야에서 세 번에 걸쳐 시험해 올 때, 전능하신 하나님께 순종하는 아들이신 예수님은 성령 충만함으로 하나님의 말씀인 성령의 검을 들고 사탄을 베어 버리셨습니다."[3]
>
> _아드리안 로저스

 우리는 다른 사람들보다 자신을 높이려는 유혹에 어떤 식으로 빠져들게 됩니까?

Q 사탄은 권력을 지향하는 열망을 어떤 유혹으로 부추깁니까?

광야에서 예수님이 시험을 이기기 위해 치르신 싸움은 곧 우리의 싸움입니다. 그러므로 주님의 승리 또한 우리 것이 될 수 있습니다. 성경을 공부해야 광야에서 마주하게 될 시험은 오직 하나님의 약속의 말씀을 신뢰함으로써만 이길 수 있음을 깨닫게 됩니다. 하나님의 아들딸로서의 정체성이 사탄과 세상이 심어 주는 거짓 정체성보다 더 확고해야 합니다.

사탄의 궁극적인 목적은 오직 하나님만이 받으셔야 할 경배와 영광을 가로채는 것입니다. 광야에서 예수님이 거두신 승리는 사탄을 이길 수 있다는 것을 증명해 줍니다. 그러나 오직 하나님의 말씀에 의지하고, 그리스도 안에서 새롭게 된 정체성을 신뢰해야만 승리할 수 있습니다.

Q 인생의 광야를 지날 때, 예수님이 시험을 이기셨다는 사실은 어떻게 힘이 되나요?

결론

광야 시험은 단순히 선과 악의 오래 된 싸움에 관한 이야기가 아닙니다. 이것은 하나님께 순종하고자 열망하는 그리스도 인들을 위한 전투 계획이라고 할 수 있습니다. 광야에서의 예수님의 승리는 세상을 위해 십자가에서 성취하실 승리의 맛보기라는 점에서 중요합니다. 예수님은 언제나 우리에게 모범이 되시며 믿음의 전형이 되십니다. 예수님의 승리가 나의 것이 될 수 있다는 점을 깨닫지 못했다면, 이 이야기를 제대로 이해했다고 할 수 없습니다. 예수님의 승리는 바로 우리의 승리입니다! 그리스도의 사역에 관한 합당한 반응은 순종으로 예배하신 예수님의 모범을 따르는 것입니다.

> "사탄은 예수님이 고난을 당하시지 않게 하려고 무던히도 애쓰고 있습니다. … 여기서 흥미로운 사실은 악에서 비롯된 모든 공격이 절대악을 기반으로 가해지는 것이 아니라 더 안락함을 중심으로 개시된다는 것입니다."[4]
>
> _매트 챈들러

그리스도와의 연결

예수님은 아담의 죄가 낳은 결과를 되돌리기 위해 세상에 들어오셔서 아담이 넘어진 시험을 이기셨습니다. 예수님은 광야에서 하나님을 의심했던 하나님의 백성 이스라엘을 향한 목적을 이루시기 위해 자기 백성을 대신해 시험을 이기셨습니다. 예수님은 시험을 이기심으로써 구세주로서 십자가에서 죄를 정복하실 것입니다.

하나님의 아들이 시험을 받으시다

하나님의
계획
우리의 사명

하나님은 우리에게 우리를 대신해 시험을 이기신 그리스도로 말미암은 우리 정체성을 믿음으로써 유혹을 물리치라고 말씀하십니다.

1. 유혹을 물리치고 하나님의 말씀이라는 영적 양식을 바라는 성숙한 믿음으로 나아가려면 어떻게 해야 할까요?

____

____

____

2. 교회/공동체는 그리스도 안에 있는 정체성을 믿고, 유혹에 맞서기 위해 서로 어떻게 격려할 수 있을까요?

____

____

____

3. 하나님 나라와 영광을 위해 우리를 시험에 들게 하지 마옵시고 악에서 구해 주실 것을 하나님 아버지께 구하는 기도문을 작성해 보십시오(마 6:9~13).

____

____

____

*

금주의 성경 읽기
**왕하 16~17장;
대하 28장;
사 13~17장**

우리 가운데 계신 하나님

마태복음
누가복음
요한복음

Unit 2

암송 구절

모세가 광야에서 뱀을 든 것 같이 인자도 들려야 하리니 이는 그를 믿는
자마다 영생을 얻게 하려 하심이니라 하나님이 세상을 이처럼 사랑하사
독생자를 주셨으니 이는 그를 믿는 자마다 멸망하지 않고 영생을 얻게 하
려 하심이라 하나님이 그 아들을 세상에 보내신 것은 세상을 심판하려 하
심이 아니요 그로 말미암아 세상이 구원을 받게 하려 하심이라
요한복음 3장 14~17절

예수님과 첫 번째 제자들

신학적 주제 '제자도'란 구세주요 주님이신 예수님을 신실하게 따르는 것입니다.

Session 7

전화는 통화를 위해 존재합니다. 그러나 우리는 상황에 따라, 기호에 따라 종종 전화를 무시하곤 합니다. 벨 소리를 무음으로 해 두어서 전화를 못 받을 때도 있습니다. 그럴 때는 수신 목록을 확인하고, 꼭 통화하고 싶은 사람에게는 바로 전화를 걸거나 통화가 가능하다는 뜻을 문자로 보냅니다.

Q 전화를 걸고 받을 때, 특별한 습관이 있습니까?

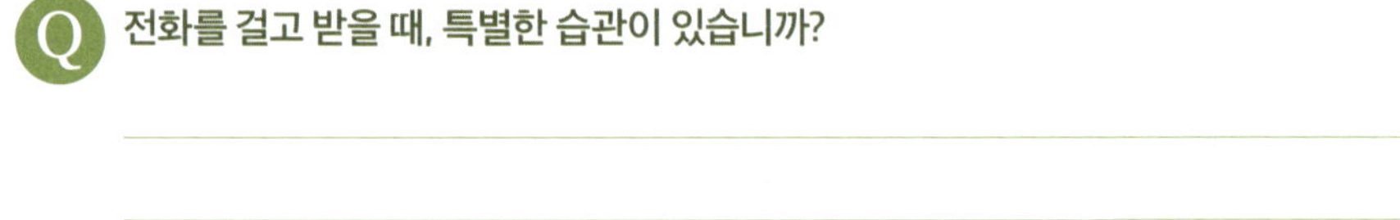

Q 그런 습관이 지금까지 유익했나요? 혹시 문제가 된 적은 없습니까?

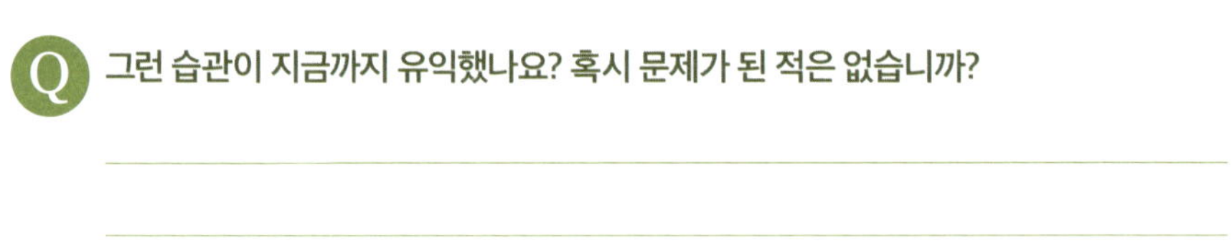

Date . .

때로 우리는 회개하고 예수님을 따르라는 하나님의 부르심을 전화처럼 받아들이곤 합니다. 성경 말씀과 그리스도인들과의 교제를 멀리함으로써 하나님의 부르심을 '묶음'으로 해 두는 것입니다.

이 세션에서는 회개를 선포하며 사람들을 부르시는 예수님에 관해 배울 것입니다. 예수님은 뜻밖의 사람들도 부르셨습니다. 예수님의 첫 번째 제자들은 그 부르심을 무시하지 않고, 옛 삶의 방식을 버리고 주님을 따라나섰습니다. 이제 우리도 그리스도의 제자로서 하나님의 부르심에 응답하고, 회개와 믿음이 필요한 사람들에게 그와 똑같은 부르심을 전할 특권을 가집니다.

> "우리는 주님 없이는 아무것도 아니라는 사실을 잘 알기에 자신을 특별한 사람이나 특권을 가진 사람으로 생각하지 않습니다. … 우리는 주님 앞에 머리를 숙입니다. 경건에는 순종이 요구되기 때문입니다."[1]
>
> _테드 트레일러

1. 예수님이 회개를 선포하십니다(마 4:17)

> [17]이때부터 예수께서 비로소 전파하여 이르시되 회개하라 천국이 가까이 왔느니라 하시더라

바로 이때부터 예수님의 공생애가 시작되었습니다. 예수님은 제자의 전제 조건으로 회개를 요구하셨습니다. 회개란 마음을 바꾸어 삶을 변화시키는 길로 돌아서는 것을 의미합니다. 예수님의 선포는 제안이 아닌 명령입니다. 명령을 들은 사람은 의식적으로 결단한 뒤에 그에 따라 살아야 합니다. 회개한다는 것은 예수님을 따르기 위해 이전 삶의 방식을 버리는 것을 의미합니다. 그리고 회개는 예수님을 신실하게 따르는 것으로 나타납니다.

 **Q** 왜 마태는 예수님의 설교 사역을 회개와 하나님 나라에 관한 선포로 압축해서 묘사했을까요?

예수님의 사역은 회개의 선포로 시작되었습니다. 그런데 여기서 두 가지 의문이 생깁니다.

첫째, 예수님은 왜 회개를 선포하셨을까요? 예수님은 회개해야 하는 이유를 이렇게 말씀하셨습니다. "천국이 가까이 왔느니라." 이것이 우리가 회개해야 하는 근본적인 이유입니다. 예수님은 하나님 나라, 곧 하나님의 주권과 통치가 예수님과 예수님의 사역을 통해 이 땅에 임하리라는 진리를 말씀하신 것입니다. 하나님은 죄 많은 인류를 구원하시고, 부서지고 타락한 세상을 회복하시겠다는 약속을 지켜 오셨습니다. 또한 모든 것을 바로잡을 메시아를 보내시겠다는 약속도 지키셨습니다. 하나님이 이같이 행하셨으므로, 예수님은 사람들에게 회개해 하나님의 일에 동참하라고 말씀하신 것입니다.

둘째, 우리는 무엇을 회개해야 할까요? 성경의 시작 부분에서 봤듯이, 태초에 아담과 하와가 죄를 지어 타락했습니다. 우리는 아담에게서 죄의 본성을 물려받아 (롬 5:12~19) 죄의 종이 되었습니다 (요 8:34). 우리는 회개해야만 우리를 구원하실 하나님의 권능이 필요함을 인정하게 되고, 하나님 나라의 일에 참여하고자 하는 열망을 갖게 됩니다. 그러나 우리 힘만으로는 회개할 수 없습니다.

> "하나님은 회개하면 용서해 주시겠다고 약속하시지만, 머뭇거리는 사람에게는 내일을 약속하지 않으십니다."[2]
>
> _로이 B. 주크

 **Q** 본문의 예수님 말씀에서 긴급함이 느껴집니까? 그렇다면 또는 그렇지 않다면, 그 이유는 무엇입니까?

 회개를 촉구할 때, 긴급함은 어떤 역할을 합니까?

2. 예수님이 의외의 사람들을 불러 모든 것을 버리고 주님을 따르게 하십니다(마 4:18~22)

예수님이 모든 사람에게 회개를 선포하셨기에, 예수님을 따르는 자들을 구분 짓는 특정한 기준은 없습니다. 회개하고 예수 그리스도를 믿는 믿음만이 유일한 자격입니다. 주님은 다양한 배경을 가진 사람들을 부르십니다. 주님의 부르심에 응하는 자는 누구나 구원받을 것이며 하나님의 자녀가 될 것입니다.

Q 만약 나를 도와 세상을 변화시킬 드림팀을 짠다면, 어떤 사람들로 구성하겠습니까? 그 이유는 무엇입니까?

다음 장면에서 예수님이 그분의 첫 번째 제자들을 부르시는 모습을 보게 됩니다. 그들은 대단한 사회적 지위나 직업을 가진 사람들이 아닌 고기를 낚는 어부였습니다.

[18]갈릴리 해변에 다니시다가 두 형제 곧 베드로라 하는 시몬과 그의 형제 안드레가 바다에 그물 던지는 것을 보시니 그들은 어부라 [19]말씀하시되 나를 따라오라 내가 너희를 사람을 낚는 어부가 되게 하리라 하시니 [20]그들이 곧 그물을 버려두

고 예수를 따르니라 ²¹거기서 더 가시다가 다른 두 형제 곧 세베대의 아들 야고보와 그의 형제 요한이 그의 아버지 세베대와 함께 배에서 그물 깁는 것을 보시고 부르시니 ²²그들이 곧 배와 아버지를 버려두고 예수를 따르니라

예수님은 자신의 제자로 부유하고 영향력 있는 유명인이나, 인맥이 넓은 정치인이나, 탁월한 리더십을 가진 기업인을 택하지 않으셨습니다. 그 대신 어부 형제들을 택하셨습니다.

예수님은 그들을 부르실 때, 그들이 하는 일과 관련된 표현을 들어 "내가 너희를 사람을 낚는 어부가 되게 하리라" 하고 말씀하셨습니다. 놀랍게도 두 형제 모두 예수님의 부르심을 즉시 따랐습니다. 그들은 자세한 내용을 알지 못하고, 마음에 정한 바가 없는데도 예수님의 말씀에 순종했습니다.

Q 성경에서 하나님의 부르심에 순종한 사람들은 누구입니까?

Q 성경에서 하나님의 부르심에 불순종하거나 순종하기를 미뤘던 사람들은 누구입니까?

오늘날 예수님은 이기적인 삶을 떠나 주님을 따르라고 우리를 부르고 계십니다. 주님의 특별한 부르심을 이해하기 위해서는 지혜가 필요합니다. 이 부르심을 따르기 위해 가업을 내려놓거나 소유를 다 팔 필요는 없을 것입니다. 그러나 자신의 운명을 좌우하려는 생각을 분명히 포기해야 할 것입니다. 즉 인생의 결정에 영향을 미치는 이기적인 야망을 포기하라는 의

> *"하나님 나라에는 가격표라는 것이 없습니다. 가진 만큼의 가치가 있을 뿐입니다."*[3]
>
> _그레고리오 1세 교황

미입니다. 하나님 나라가 우선이 되어야 합니다.

예수님께 순종할 때, 주님이 우리를 통해 놀라운 일을 하십니다. 회개를 촉구하는 주님의 부르심은 영광스러운 구원 사역을 강조하기 위해 다양한 배경을 가진 사람들을 모이게 합니다. 주님은 사람들이 가장 기대하지 않는 사람들을 부르시고, 결코 예측하지 못한 일들을 행하십니다. 잘난 사람들을 대변인으로 부르지 않으시고, 오히려 보잘것없는 사람들의 변화된 삶을 통해 영광을 드러내십니다.

Q 하나님이 매일 평범한 사람들에게 특별한 복음을 선포하게 하신다는 사실을 아는 것은 신자들에게 어떤 위안을 줍니까?

3. 예수님이 이름 없는 사람들을 불러 주님을 따르게 하십니다(마 9:9~13)

예수님은 어부들만 부르지 않으셨습니다. 멸시받는 직업을 가진 사람들도 부르셨습니다. 예를 들어, 마태는 세리입니다. 유대 사회에서 세리는 평판이 매우 나빴습니다. 사람들은 그들을 반역자요 사기꾼으로 생각했습니다. 그런데도 예수님은 그런 직업을 가진 사람들까지 제자로 부르셨습니다. 비판받게 될 것을 아시면서도 말입니다.

⁹예수께서 그곳을 떠나 지나가시다가 마태라 하는 사람이 세관에 앉아 있는 것을 보시고 이르시되 나를 따르라 하시니 일어나 따르니라 ¹⁰예수께서 마태의 집에서 앉아 음식을 잡수실 때에 많은 세리와 죄인들이 와서 예수와 그의 제자들과 함께 앉았더니 ¹¹바리새인들이 보고 그의 제자들에게 이르되 어찌하여 너희 선생은 세리와 죄인들과 함께 잡수시느냐

12예수께서 들으시고 이르시되 건강한 자에게는 의사가 쓸데없고 병든 자에게라야 쓸데 있느니라 13너희는 가서 내가 긍휼을 원하고 제사를 원하지 아니하노라 하신 뜻이 무엇인지 배우라 나는 의인을 부르러 온 것이 아니요 죄인을 부르러 왔노라 하시니라

마태는 예수님께 순종해 따르자마자 자신의 옛 세계와 새로운 세계가 충돌하는 것을 보게 되었습니다. 세리나 죄인들과 관계 맺던 자신의 옛 세계가 예수님이나 다른 제자들과 함께하는 새로운 세계를 만나 뒤섞이게 된 것입니다. 두 세계가 한 식탁에서 만났습니다.

바리새인들이 마태의 집 식탁에 예수님과 함께 앉아 있는 사람들을 보고, 예수님의 신실함에 관해 의문을 제기했습니다. 예수님이 그들의 의문을 들으시고, 병든 자에게는 의사가 필요하다는 말로 답하셨습니다. 주님은 의인이 아닌 죄인을 부르러 오셨습니다. 이것이 바로 잃은 자들을 찾아 구원하시는 예수님의 마음입니다(눅 19:10). 예수님은 '죄'라는 병에 걸려 영적으로 아픈 사람들을 치료하시는 위대한 의사이십니다(시 103:3).

Q 바리새인들은 왜 마태의 집 식탁에 모인 사람들을 보고 불쾌해했을까요?

Q 예수님의 반응은 섬김과 사역에 관한 우리의 생각에 어떤 영향을 주나요?

우리는 그리스도를 본받을 것을 명령받았습니다(엡 5:1), 그러므로 우리에게는 사회에서 멸시받고 거절당하는 사람들에게 복음을 전할 특권이 있습니다. 복음은 모두가 하나님의 형상대로 지음받은 존재라는 사실을 깨닫고 사회에서 소외된 자들의 자존감을 회복시켜 줄 것을 강권합니다(창 1:26~27). 예수님을 아는 사람이 그들에게 가서 복음을 전하지 않는다면, 그들이 어떻게 예수님의 회개 선포와 부르심을 들을 수 있겠습니까?

**예수님을 따르는 자로서, 어떻게 하면 우리 주변의 소외된
사람들을 예수님처럼 대할 수 있을까요?**

결론

회개의 부르심에 응답할 때, 예수님이 죄인을 대신해 완전히 성취하신 일을 믿게 됩니다. 하나님은 자녀들에게 삶의 모든 여정에서, 어디서든지 사람들에게 복음의 좋은 소식을 나누라고 명령하십니다. 그리스도의 몸 된 우리가 주님의 구원 계획을 증거할 때 죄인을 향한 하나님의 자비가 나타납니다. 우리는 누군가를 구원받지 못할 것 같다거나 섬김을 받기에 부족하다고 함부로 판단해 넘겨짚으려는 경향에 맞서야 합니다.

저는 이 교훈을 캔자스시티 거리에서 배웠습니다. 어느 날 저는 친구와 교회 주변의 지역 사회에 복음을 전하기 위해 거리로 나갔습니다. 그때 덥수룩하게 수염을 기르고 더러운 옷을 입은 한 남자가 우리에게 다

핵심교리 **99**

86. 제자도

'제자도'는 예수님을 따를 때, 형식적이든 일상적이든 영적 성숙을 가져오는 과정을 가리킵니다. 일상적인 제자도는 신명기 6장 4~9절에 언급된 것처럼 삶의 모든 영역에서 일어납니다. 신앙이 성숙하고 그리스도와의 동행이 깊어질수록 제자도는 마음의 변화뿐 아니라 온 삶의 변화를 요구합니다. 반면 형식적인 제자도는 일정 기간의 훈련을 가리킵니다. 우리는 말과 행동을 통해 제자를 삼습니다. 하나님의 말씀을 말로 가르치고, 행동으로 삶의 모범을 보여야 합니다(행 20:17~24).

가왔습니다. 그는 거리를 헤매는 우리가 마약을 구하러 왔다고 생각했는지, 그 지역에서 마약을 팔던 사람이 그곳을 떠났다고 말해 주었습니다. 우리는 그에게 마약을 구하러 온 것이 아니라, 하나님의 사랑을 나누기 위해 왔다고 말해 주었습니다. 그렇게 그와 30분쯤 이야기를 나눌 수 있었고, 그때 복음을 전했습니다. 알고 보니 그는 감옥에서 암 진단을 받고 석방된 사람이었습니다. 시한부 선고를 받은 그에게 남은 시간은 고작 한 달 정도였습니다. 그날 그는 그리스도를 영접했습니다.

주변 세계에 눈을 감지 마십시오. 당신 주변에 하나님이 두신 사람들을 돌아보십시오. 누군가를 하나님의 은혜를 받을 만하지 않다고 넘겨짚거나 단념하지 마십시오. 예수님은 의외의 사람들을 부르셨고, 지금도 여전히 그렇게 하십니다.

그리스도와의 연결

열두 지파를 대표하는 열두 제자를 선택하신 것에서, 예수님이 모세의 율법이 아닌 구세주요 왕이신 자신을 중심으로 이스라엘을 재편성하고자 하셨음을 알 수 있습니다. 예수님은 십자가 죽음과 부활을 통해 우리를 구원하시고, 우리에게 순종함으로 따를 것을 명령하십니다.

하나님은 예수님을 좇아 의외의 사람들, 이름 없는 사람들에게 구원의 좋은 소식을 전하는 사역에 동참하라고 우리를 부르십니다.

1. 불신자들을 그리스도께 인도할 때, 회개는 어떤 역할을 할까요?

2. 그리스도를 따르고 복음을 전하려면, 무엇을 버려야 할까요?

3. 예수님을 본받아 공동체에서 소외된 사람들을 어떻게 섬길 수 있을까요?

예수님과 첫 번째 제자들

*
금주의 성경 읽기
사 18~26장

니고데모와 거듭남

신학적 주제 '거듭남'이란 하나님이 믿는 자들을 초자연적으로 변화시키시는 것입니다.

Session 8

장난감 광고는 역동적인 장면들로 가득합니다. 장난감을 가지고 노는 장면은 아이들에게 즐거움을 선사합니다. 그러나 대개 광고 끝에는 이런 문구가 나옵니다. "본 제품에는 건전지가 포함되어 있지 않습니다."

'건전지 없음' 공지를 보지 못하고 부모가 아이에게 건전지 없이 장난감을 선물하면, 부모는 민망해지고 아이는 속은 기분을 느낍니다. 광고를 보고 기대했던 장난감이 건전지가 없어 제대로 작동하지 않아 기쁨이 한순간에 실망으로 변하게 되는 것입니다.

Q 물건이 제대로 작동하지 않아 실망한 적이 있나요? 원인이 무엇이었나요?

그리스도인은 구원이 하나님의 선물이라고 믿습니다. 하나님 아버지께

Date . . .

서 구원을 선물로 주심으로써 은혜를 베풀어 주셨습니다. 그런데 하나님의 선물에는 실망감을 안겨 주는 '건전지 없음' 같은 공지가 필요 없습니다. 하나님의 선물에 관한 좋은 소식은 죄 사함과 함께 성령님을 받게 된다는 것입니다. 성령님은 하나님의 말씀을 따라 사는 우리에게 힘을 주시는 분입니다. 그리스도인의 삶에는 영적 건전지가 이미 포함되어 있습니다. 성령님이 우리 안에 거하시어, 우리가 하나님과 다른 이들 앞에서 올바로 살아갈 힘을 주시기 때문입니다(롬 8:9~13).

이 세션에서는 예수님과 니고데모의 대화를 듣게 될 것입니다. 예수님은 이 유대교 지도자에게 "거듭나다"로 표현하신 거듭남의 신비에 관해 가르치셨습니다. 그리스도인은 하나님의 아들을 믿음으로써 하나님의 영으로 다시 태어납니다. '거듭남'은 하나님이 복음 안에서 모든 믿는 자를 변화시켜 주신다는 확신의 근거입니다.

1. 성령님으로 새롭게 태어나야 변화될 수 있습니다(요 3:1~10)

[1]그런데 바리새인 중에 니고데모라 하는 사람이 있으니 유대인의 지도자라 [2]그가 밤에 예수께 와서 이르되 랍비여 우리가 당신은 하나님께로부터 오신 선생인 줄 아나이다 하나님이 함께하시지 아니하시면 당신이 행하시는 이 표적을 아무도 할 수 없음이니이다 [3]예수께서 대답하여 이르시되 진실로 진실로 네게 이르노니 사람이 거듭나지 아니하면 하나님의 나라를 볼 수 없느니라

예수님과 니고데모의 대화는 그가 예수님의 가르치시고 치유하시는 사역을 인정하는 것으로 시작되었습니다. 그는 예수님의 사역에 하나님의 은혜가 함께하심을 깨닫고, 예수님이 베푸신 표적에 찬사를 보냈습니다. 그러나 그가 예수님의 특별하신 사역에 의미를 부여한 것은 여기까지입니다. 그는 예수님을 좋은 선생이자 도덕적인 사람으로 봤습니다. 삶의 귀감이 될 만한 인물 정도로 생각한 것입니다.

> **핵심교리 99**   **70. 거듭남**
>
> 그리스도인의 삶은 거듭남으로 시작합니다. 거듭남은 성령님의 초자연적인 사역을 통해 개개인에게 일어나는 기적적인 변화 또는 다시 태어남을 의미합니다(요 3:3~8; 딛 3:5). 이것은 거룩한 회심(회개와 믿음을 통해 그리스도께 돌아오는 일)의 사건으로, 하나님이 한 사람의 인생에 역사하심으로써 다시 태어나게 하시는 것입니다. 인간의 노력으로는 결코 이 역사를 이룰 수 없습니다.

그에 대한 예수님의 반응은 뜻밖이었습니다. 예수님은 니고데모의 찬사를 받아들이지 않으셨습니다. 니고데모를 칭찬하거나 존중하지도 않으셨습니다. 그 대신 거듭나지 않으면, 하나님 나라를 볼 수 없다고 딱 잘라 말씀하셨습니다. 위로부터 다시 태어나지 않으면 하나님의 구원을 알 수 없습니다. '징조'는 볼 수 있을지 몰라도 그 의미는 알 수 없는 것입니다.

Q 세상 사람들이 하나님의 역사를 보면서도 하나님이 하신 일인지 모르거나, 그것의 의미를 제대로 이해하지 못하는 사례에는 어떤 것들이 있습니까?

Q 하나님의 역사를 보면서도 그분의 계획을 잘못 이해한 적이 있습니까?

⁴니고데모가 이르되 사람이 늙으면 어떻게 날 수 있사옵나이까 두 번째 모태에 들어갔다가 날 수 있사옵나이까 ⁵예수께서 대답하시되 진실로

진실로 네게 이르노니 사람이 물과 성령으로 나지 아니하면 하나님의 나라에 들어갈 수 없느니라 [6]육으로 난 것은 육이요 영으로 난 것은 영이니 [7]내가 네게 거듭나야 하겠다 하는 말을 놀랍게 여기지 말라 [8]바람이 임의로 불매 네가 그 소리는 들어도 어디서 와서 어디로 가는지 알지 못하나니 성령으로 난 사람도 다 그러하니라 [9]니고데모가 대답하여 이르되 어찌 그러한 일이 있을 수 있나이까 [10]예수께서 그에게 대답하여 이르시되 너는 이스라엘의 선생으로서 이러한 것들을 알지 못하느냐

니고데모가 예수님께 진지하게 여쭈었습니다. 예수님의 말씀을 이해하지 못하겠기에 좀 더 분명히 말씀해 달라고 부탁한 것입니다. 아마도 그는 자신이 종교 지도자로서 하나님과 올바른 관계를 맺고 있으며, 하나님 나라를 이루시려는 주님의 계획도 이미 알고 있다고 믿은 것 같습니다. 또한 율법을 철저히 준수해야 하나님의 위대하신 역사를 더 잘 체험하고 해석할 수 있다고 생각했는지도 모릅니다.

> *"'거듭남'이란 말 그대로 두 번째 삶의 시작입니다. 그러므로 두 번째 삶을 시작하기 전에, 첫 번째 삶을 마무리하는 것이 필요합니다."*[1]
>
> _바실리오

그러나 예수님은 니고데모에게 처음부터 분명하게 말씀하셨습니다. 하나님 나라를 경험하고, 하나님 나라에 들어가려면, 반드시 새로 태어나야 한다고 밝히셨습니다. 하나님과 새로운 관계를 맺으려면, 성령님의 인도하심을 따라야 합니다. 예수님은 '거듭남'의 의미를 성령님으로 다시 태어나야 하는 것과 연결하셨습니다. 니고데모는 예수님께 내밀한 정보를 얻을 게 아니라, 성령님으로 다시 태어나야 했습니다.

Q 니고데모가 그의 삶에서 놓치고 있었던 것은 무엇입니까?

Q 예수님이 니고데모와 소통하신 방식은 영적인 관심은 있지만 그리스도께 헌신하지 않는 사람들과의 토론의 본을 제시합니다. 어떤 본입니까?

2. 하나님의 아들을 믿어야 거듭날 수 있습니다(요 3:11~15)

11진실로 진실로 네게 이르노니 우리는 아는 것을 말하고 본 것을 증언하노라 그러나 너희가 우리의 증언을 받지 아니하는도다 12내가 땅의 일을 말하여도 너희가 믿지 아니하거든 하물며 하늘의 일을 말하면 어떻게 믿겠느냐 13하늘에서 내려온 자 곧 인자 외에는 하늘에 올라간 자가 없느니라 14모세가 광야에서 뱀을 든 것 같이 인자도 들려야 하리니 15이는 그를 믿는 자마다 영생을 얻게 하려 하심이니라

여기서 예수님은 '이스라엘 종교 지도자들'과 '예수님과 제자들' 사이의 대화가 서로 엇갈려 왔던 것에 대해 말씀하셨습니다. 그때까지 종교 지도자들은 예수님의 증언을 거절해 왔습니다. 그렇기 때문에 한 가지 중요한 의문이 제기되었습니다. "어떻게 그들은 예수님의 증언은 거부하면서 예수님의 가르침에 대해서는 찬사를 보낼 수 있는가?"

예수님은 답을 기다리지 않으셨습니다. 그 대신 예수님은 자신이 "하늘에서 내려온 인자"라고 선포하셨습니다. 예수님은 하나님을 세상에 보여 주기 위해 인간의 몸을 입고 오신 하나님의 아들이십니다.

 어떤 사람의 정체성과 그 사람의 증언 사이에는 어떤 관련이 있을까요?

이어진 대화는 놀랍게 전환되었습니다. 예수님은 구약의 민수기 21장 4~9절 이야기를 니고데모에게 상기시켜 주셨습니다. 그 이야기는 이스라엘 백성이 자신의 처지를 불평하는 내용입니다. 하나님이 그들을 애굽에서 건져 주셨음에도 불구하고, 그들은 순종하지 못함으로써 약속의 땅에 들어가지 못했고, 40년간 광야를 헤매야 했습니다. 그러나 그동안에도 하나님은 그들을 인도하셨고, 물과 음식을 제공하며 돌봐 주셨습니다. 그러나 그들은 하나님이 주신 음식을 탐탁지 않게 여기며, 하나님이 일부러 그들을 광야로 데려와 죽게 하신다고 비난했습니다.

이스라엘 백성에게 화가 나신 주님이 그들에게 불뱀을 보내어 벌하셨습니다. 뱀들이 사납게 물어 대자 백성들이 회개하기 시작했습니다. 하나님은 그들을 구하기 위해 모세에게 놋뱀을 장대 위에 매달라고 말씀하셨습니다. 악의 상징이었던 뱀을 올려다보는 자마다 치유되었습니다.

예수님은 인자인 자신을 놋뱀에 비유하셨습니다. 우리 죄와 죄책감과 수치심의 무게를 친히 짊어지실 순간이 올 것을 가리키신 것입니다. 십자가는 우리 죄가 얼마나 추악한지를 보여 줄 뿐만 아니라, 구원의 근원이 됩니다.

거듭나기 위해서는 다음과 같은 과정을 거쳐야 합니다. 즉 복음을 듣고, 구원의 유일한 길 되시는 예수님만을 바라보고, 그 가르침과 완전하신 삶과 대속의 죽음과 부활을 믿는 것입니다. 이 과정을 거친 사람만이 비로소 거듭나게 될 것입니다.

Q '믿음'이란 단어를 성경적으로 어떻게 설명할 수 있을까요? 이와 비슷한 의미로 사용되는 단어에는 어떤 것들이 있을까요?

Q 본문은 믿음의 의미를 어떻게 설명하고 있나요?

3. 하나님이 세상을 사랑하사 예수님을 선물로 주셨습니다

(요 3:16~21)

[16]하나님이 세상을 이처럼 사랑하사 독생자를 주셨으니 이는 그를 믿는 자마다 멸망하지 않고 영생을 얻게 하려 하심이라 [17]하나님이 그 아들을 세상에 보내신 것은 세상을 심판하려 하심이 아니요 그로 말미암아 세상이 구원을 받게 하려 하심이라 [18]그를 믿는 자는 심판을 받지 아니하는 것이요 믿지 아니하는 자는 하나님의 독생자의 이름을 믿지 아니하므로 벌써 심판을 받은 것이니라 [19]그 정죄는 이것이니 곧 빛이 세상에

왔으되 사람들이 자기 행위가 악하므로 빛보다 어둠을 더 사랑한 것이니라 [20]악을 행하는 자마다 빛을 미워하여 빛으로 오지 아니하나니 이는 그 행위가 드러날까 함이요 [21]진리를 따르는 자는 빛으로 오나니 이는 그 행위가 하나님 안에서 행한 것임을 나타내려 함이라 하시니라

여기서 초점은 "하나님이 세상을 얼마나 사랑하시는가"입니다. 이때 사랑은 자기희생을 의미합니다. 로마서 5장 8절은 하나님이 자기 아들을 내어 줄 만큼 우리를 사랑하신다고 말합니다. 예수님은 죽으심으로써 잃어버린 자들을 찾아 구원하셨습니다. 우리가 하나님에게서 떨어진 채로 아직 죄인 되었을 때 말입니다. 요한복음 3장 16절은 하나님이 자신을, 즉 자기 아들을 우리 같은 죄인을 위해 내어 주셨음을 상기시켜 줍니다.

약혼 시절, 아내가 저를 위해 밸런타인데이 카드를 만들어 준 적이 있습니다. 그녀는 바쁜 일정을 쪼개서 필요한 재료들을 구해 카드를 만들어 주었습니다. 세상에 하나밖에 없는 특별한 선물이 되었고, 지금까지 잘 간직하고 있습니다. 저에게 의미가 있는 선물이기 때문입니다.

소중하신 예수님과 아름다운 복음의 가치는 한 장의 카드 이상입니다. 밸런타인데이 카드가 특별한 이유는 그것이 저를 향한 아내의 사랑을 의미하기 때문입니다. 중요한 것은 카드가 아니라 그것에 담긴 사랑입니다. 하나님은 우리를 향한 사랑을 표현하기 위해 이따금 꺼내 볼 수 있는 카드와 같은 선물을 주신 것이 아니라, 우리를 향한 사랑 때문에 자기 아들을 희생하셨습니다. 이것이 바로 그리스도인의 삶을 지탱하는 하나님의 사랑입니다.

Q 받아 본 선물 중에 가장 소중한 선물은 무엇입니까? 그것은 나에게 어떤 의미가 있습니까?

요한복음 3장 17절은 하나님이 그 아들을 세상에 보내신 것은 세상을 심판하기 위함이 아니라 오히려 구원하기 위함이라고 말합니다. 성경은 예수님이 자신을 믿지 않는 세상을 심판하실 날이 올 것이며, 그리스도를 통해 값없이 주시는 구원 선물을 거절하는 자들에게 심판이 임할 것을 분명히 밝힙니다. 그러나 심판에 앞서 그리스도의 은혜가 베풀어질 것입니다. 심판이 있기 전에 온 세상에 하나님의 아들에 관한 소식이 전해질 것입니다.

요한은 예수님을 거절한 자들은 이미 하나님 앞에 유죄 판결을 받았다고 썼습니다. 복음의 기쁜 소식은 그리스도께서 우리를 대신해 죽으러 오셨다는 것입니다. 예수님을 믿으면, 예수님이 형이 집행될 날을 기다리며 살아가던 우리를 대신해 이미 형 집행을 받으셨다는 뜻의 '하나님의 구원'을 이해할 수 있게 됩니다. 하나님의 은혜로 우리는 죄의 감옥에서 풀려나 그리스도 안에서 새로운 삶을 살게 됩니다. 형이 이미 집행되었기 때문입니다.

그러나 불행하게도, 본문이 보여 주듯이 인간은 빛 되신 예수 그리스도보다 어둠을 더 사랑합니다. 우리는 죄 가운데 태어나 죄 가운데 살아가기 때문입니다. 우리는 예수님을 믿으면서도 죄를 지을 수 있고, 빛 되신 예수님을 구하면서도 어둠의 일을 좇을 수 있다는 잘못된 생각이 팽배한 사회에서 살고 있습니다.

본문은 예수님을 영접한 자들의 삶이 어떠한지 말해 줍니다.

"진리를 따르는 자는 빛으로 오나니 이는 그 행위가 하나님 안에서 행한 것임을 나타내려 함이라"(요 3:21).

예수님께 나아오는 사람들은 그들 삶 구석구석에 주님이 빛을 비추어 속속들이 새롭게 해 주시기를 원합니다.

> "기독교 신앙은 당신의 삶에 더 하는 것이 아닙니다. 그 자체가 바로 삶입니다!"[3]
>
> _헨리 블랙커비

마음을 영적인 집으로 상상해 보십시오. 예수님을 통해 주시는 하나님의 구원의 은혜를 받으면, 성령 하나님이 그 안에 거하심으로써 마음이라는 집의 주인이 되십니다. 집주인으로서 주님은 모든 방에 들어갈 권리가 있으시며, 뜻대로 개조하실 수 있습니다. 그 집을 소유하셨기 때문입니다. 그리스도께서 자기 피로 값을 치르셨기 때문에 그렇습니다. 그러나 우리는 마음이라는 집에서 주님께 보여 드리고 싶은 부분만 보여 드리고, 어떤 방은 잠가 놓은 채 들어가지 못하시게 하고 있는 것은 아닌지 자신을 돌아봐야 합니다. 성경은 예수님이 빛이심을 상기시켜 줍니다. 주님은 우리 마음 구석구석을 비추며 변화시켜 주십니다.

Q 삶의 어떤 부분에 그리스도의 빛이 비추면 불편해집니까?

Q 그 불편한 부분에 구원의 은혜는 어떤 영향을 미칩니까?

결론

거듭남은 하나님의 초자연적인 역사입니다. 그럼에도 불구하고 하나님은 모든 믿는 자에게 복음을 전파할 책임을 주셨습니다. 하나님은 우리에게 우리가 성령님으로 변화되었듯이 믿는 자들을 초자연적으로 변화시킬 수 있는 하나님의 능력을 신뢰하며 복음을 전하라고 말씀하십니다.

그리스도와의 연결

니고데모는 예수님의 가르침에 관심을 가진 종교 지도자였습니다. 예수님은 그에게 필요한 것은 더 많은 종교 행위가 아니라 새로운 삶이라고 말씀하셨습니다. 거듭남에 관한 예수님의 가르침은 예수님을 떠나서는 영적인 삶을 살 수 없음을 일깨워 줍니다. 하나님은 세상을 이처럼 사랑하셨습니다. 예수님을 믿는 모든 사람이 멸망하지 않고 영생을 얻을 수 있도록 자기 아들을 내어주실 정도로 말입니다.

하나님의 계획
우리의 사명

하나님은 우리와 우리가 전하는 복음을 듣는 초자연적으로 변화시키시는 하나님의 능력을 신뢰하라고 말씀하십니다.

1. 그리스도인들은 복음을 전할 때, 변화를 일으켜 주시는 성령님의 역사를 의지하도록 서로 어떻게 격려할 수 있을까요?

2. 예수님을 하나님의 아들이 아닌 도덕적인 선인으로 말하는 사람들에게 어떻게 반응하겠습니까?

3. 지인 중에 예수님을 필요로 하는 불신자의 마음을 감화시켜 주시고, 내 마음에 선교사와 같은 마음을 주시길 간구하는 기도문을 써 보십시오.

니그메모와 기느낟

＊
금주의 성경 읽기
왕하 18:1~8;
대하 29~31장;
시 48편;
사 27~30장

예수님과 세례 요한

신학적 주제　겸손은 자기 자신이 아닌 그리스도 안에서 기쁨을 발견하는 것입니다.

Session **9**

　　몇 년 전에 어린 딸과 어떤 행사에 참석한 적이 있는데 그때 야광봉을 받았습니다. 딸아이는 야광봉이 반짝이지 않는다고 불평하며 버리려고 했습니다. 저는 웃으며 이렇게 말해 주었습니다.

　　"아직 꺾이지 않아서 그래. 이건 꺾어야 빛을 낸단다."

　　딸은 어리둥절한 표정이었습니다. 저는 딸의 야광봉을 집어 '딱!' 소리가 날 때까지 반으로 꺾었습니다. 그러자 오렌지색 형광 빛이 나타났습니다. 그러자 딸아이가 깜짝 놀란 토끼 눈을 하고 신이 난 목소리로 외쳤습니다.

　　"아빠, 다시 해 봐요!"

　　저는 빛이 완전히 사라질 때까지 계속해서 야광봉을 꺾어야 했습니다.

　　하나님이 자기 목적을 이루기 위해 깨어진 사람들을 사용하시는 이야기를 읽을 때마다 그때 생각이 납니다. 여기서 '깨어짐'이란, 의지가 꺾이고 마음이 낮아진 상태를 말합니다. 바로 이것이 하나님께 쓰임받기 위한 전제 조건입니다. 하나님께 내 안의 교만을 없애 주시고, 내 뜻을 꺾어 주시기를 구하는 것

Date　　.　　.

은 내가 하나님의 영광을 빛낼 수 있도록 해 달라고 청하는 것과 같습니다. 하나님의 사랑으로 깨어지고 겸손해지기 전에는 하나님을 향한 사랑이 빛을 내지 못하기 때문입니다.

Q 하나님께 쓰임받으려면, 왜 먼저 깨어지고 겸손해져야 할까요?

Q 예수님을 신실하게 따르려면, 왜 겸손해야만 할까요?

이 세션에서는 세례 요한이 어떻게 예수님의 길을 예비했는지 살펴볼 것입니다. 그는 예수님과 하나님 나라를 증언하고, 예수님을 높이며 크게 기뻐했습니다. 그리고 그는 사람들에게 경고하고, 하나님의 사랑과 권능을 증언했습니다. 그는 자기 사명과 정체성을 잘 알고 있었습니다. 그래서 기쁜 마음으로 그리스도의 오심을 예비할 수 있었습니다. 세례 요한을 통해 그리스도 안에서 자기 정체성을 발견하는 법과 주께서 영광받으시도록 자신을 겸손히 내려놓는 법을 배울 것입니다.

"예수님은 은혜와 진리가 충만한 영광스러움과 웅장함과 아름다움과 지고함을 보여 주고 계십니다. 그분이 실제로 어떤 분이신지를 알아야만, 은혜 위에 은혜가 우리 삶에 흘러들어 갑니다. 예수님은 우리에게 세상에서 가장 귀중한 실재가 되십니다. 모든 죄를 용서하시고, 모든 의를 주시며, 모든 만족을 주시는 귀인이자 친구가 되시기 때문입니다."[1]

_존 파이퍼

1. 세례 요한의 사명은 주님의 길을 예비하는 것입니다

(요 3:22~28)

²²그 후에 예수께서 제자들과 유대 땅으로 가서 거기 함께 유하시며 세례를 베푸시더라 ²³요한도 살렘 가까운 애논에서 세례를 베푸니 거기 물이 많음이라 그러므로 사람들이 와서 세례를 받더라 ²⁴요한이 아직 옥에 갇히지 아니하였더라 ²⁵이에 요한의 제자 중에서 한 유대인과 더불어 정결예식에 대하여 변론이 되었더니 ²⁶그들이 요한에게 가서 이르되 랍비여 선생님과 함께 요단강 저편에 있던 이 곧 선생님이 증언하시던 이가 세례를 베풀매 사람이 다 그에게로 가더이다 ²⁷요한이 대답하여 이르되 만일 하늘에서 주신 바 아니면 사람이 아무것도 받을 수 없느니라 ²⁸내가 말한 바 나는 그리스도가 아니요 그의 앞에 보내심을 받은 자라고 한 것을 증언할 자는 너희니라

세례 요한의 제자 중 몇 명이 의구심을 품고 그를 찾아갔습니다. 그들은 정결예식과 관련된 문제에 관심이 있었습니다. 또한 예수님의 사역이 부상하는 것과 왜 그분의 제자들이 세례 요한이 베풀었던 것과 똑같이 세례를 베푸는지에 관해 의구심을 품었습니다.

세례를 받기 위해 예수님과 그분의 제자들을 찾는 사람들이 점점 늘어났기 때문입니다. '대체 저 사람은 누구지? 왜 사람들은 세례 요한이 아닌 저 사람에게 갈까? 세례 요한의 사역이 이제 더는 효과적이지 않다는 뜻일까?' 어쩌면 세례 요한의 제자들은 예수님의 인기가 높아지는 것을 위협적으로 느꼈을지도 모릅니다. 그 동기가 무엇이든 간에 그들은 세례 요한에게 가서 물었습니다.

Q 다른 사람의 성공을 보고 위기의식이나 열등감을 느낀 적이 있나요? 그때 어떻게 반응했나요?

Q 세례 요한의 제자들은 그에게서 어떤 대답을 기대했을까요?

세례 요한의 대답에는 겸손이 배어 있었습니다. 그는 예수님의 사역 성장의 결과가 속임수나 종이나 휘파람이나 1세기식 마케팅 전략이 아니라 하나님께 있다고 보았습니다. 나아가 요한은 자신의 사역이 예수님의 사역을 예비하는 것임을 알고 있었습니다. 그래서 제자들에게 자신은 그리스도가 아니며 진짜 그리스도께서 더 위대한 일을 하실 것이라고 상기시켰습니다. 세례 요한의 대답에서 주목할 점은 그가 그러한 변화를 만족스럽게 받아들이고 있다는 것입니다. 그는 자기 역할이 사람들에게 그리스도를 가리켜 보이는 것임을 알았기에 자신 있게 겸손할 수 있었습니다.

우리도 세례 요한처럼 사람들을 예수님께로 인도하도록 부름받았습니다. 그러나 하나님이 주신 은사를 제대로 사용하지 않으면, 다른 이들에게 그리스도를 전하는 사명을 완수할 수 없습니다. 하나님이 주신 은사를 주목받기 위한 눈요깃거리로 만들어서는 안 됩니다. 우리 사명은 사람들에게 예수님을 가리켜 보여 주는 것입니다. 그 일에 방해가 되지 않도록 최선을 다해야 합니다.

> *"그리스도께서 기대하시는 것이 무엇인지 알고, 그분의 뜻에 온전히 순종하십시오."*[2]
> _존 웨슬리

Q 오늘날 우리에게 주어진 사명은 어떤 점에서 세례 요한의 사명과 닮았을까요? 세례 요한의 역할과 우리의 역할은 어떻게 다른가요?

2. 세례 요한의 태도는 겸손하며, 그리스도를 기뻐합니다

(요 3:29~30)

[29] 신부를 취하는 자는 신랑이나 서서 신랑의 음성을 듣는 친구가 크게 기뻐하나니 나는 이러한 기쁨으로 충만하였노라 [30] 그는 흥하여야 하겠고 나는 쇠하여야 하리라 하니라

세례 요한은 그가 예수님의 사역을 시기하지 않고 기뻐하는 이유를 설명하기 위해 결혼식의 풍경을 예로 들었습니다. 그는 이렇게 말한 셈입니다. "결혼 잔치에서 신랑은 예수님이시며, 나는 신랑의 가장 친한 친구일 뿐입니다. 신랑의 친구로서 신부를 맞이하는 신랑을 보니 무척 기쁩니다."

신랑의 친구들이 그러하듯이, 세례 요한은 자신의 역할은 신랑을 위해 결혼식을 준비하고 필요할 때 도움을 주고 잘 섬기는 것이라고 말했습니다. 결혼식에서 주목받을 사람은 신랑의 친구가 아니라 신랑입니다. 신랑의 날이기 때문입니다.

Q 관심과 주목을 한 몸에 받는 사람을 도우면서 기뻐한 적이 있나요? 구체적으로 어떤 상황이었나요?

세례 요한은 예수님을 돕는 역할에서 완전한 기쁨을 발견했습니다. 그는 예수님이야말로 모든 관심을 받으실 신랑이자 그토록 고대하던 그리스도이심을 알았습니다. 그래서 자기 역할은 신랑을 높이는 것이며, 그분께 누가 되지 않는 것이라고 생각한 것입니다.

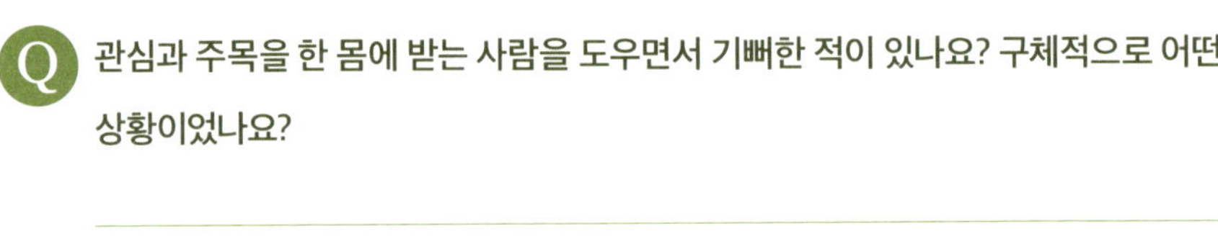

세례 요한은 우리가 어디서 기쁨을 찾아야 하는지를 가르쳐 주는 본보기가 됩니다. 우리는 예수님이 만물 위에 높임을 받으시는 것을 목표로 삼고 이를 위해 행동해야 합니다. 예수님이 넓고도 깊게 알려지신다는 사실에 기뻐해야 합니다. 하나님이 냉담하고 교만한 우리 마음을 깨뜨리실 때, 우리는 겸손함에서 기쁨을 발견할 수 있습니다. 그러므로 우리는 자기 이름이 아닌 예수님의 이름을 높이고, 주님을 전하는 겸손한 자세를 취해야 합니다.

Q 예수님 안에서 완전한 기쁨을 찾기 힘든 삶의 영역은 무엇입니까?

Q 교만과 겸손은 그러한 영역과 어떻게 연관되어 있습니까?

3. 세례 요한의 메시지는 경고와 증거로 가득했습니다

(요 3:31~36)

31위로부터 오시는 이는 만물 위에 계시고 땅에서 난 이는 땅에 속하여 땅에 속한 것을 말하느니라 하늘로부터 오시는 이는 만물 위에 계시나니 32그가 친히 보고 들은 것을 증언하되 그의 증언을 받는 자가 없도다 33그의 증언을 받는 자는 하나님이 참되시다는 것을 인 쳤느니라 34하나님이 보내신 이는 하나님의 말씀을 하나니 이는 하나님이 성령을 한량없이 주심이니라 35아버지께서 아들을 사랑하사 만물을 다 그의 손에 주셨으니 36아들을 믿는 자에게는 영생이 있고 아들에게 순종하지 아니하는 자는 영생을 보지 못하고 도리어 하나님의 진노가 그 위에 머물러 있느니라

세례 요한이 예수님의 우월하심에 관해 말한 내용을 다음과 같이 요약할 수 있습니다.

- 예수님은 하늘에서 오셨고, 세례 요한은 땅에서 났습니다.
- 예수님은 하나님의 말씀을 선포하시고, 세례 요한은 예수님에 관해 선포합니다.
- 예수님은 성령님과 생명을 주시고, 세례 요한은 예수님의 증언을 확증하는 역할을 합니다.

복음을 전할 때, 꼭 전해야 하는 예수님에 관한 진리는 무엇일까요?	그 진리는 예수님에 관해 무엇을 말해 줍니까?

세례 요한은 예수님의 정체성에 관해 증언하는 동시에 예수님을 거절할 경우 맞아야 하는 결과에 관해서도 경고했습니다. 그는 영생을 거부하는 이들에게 하나님의 진노가 있을 것이라고 말했습니다. 예수님을 믿지 않거나 그분의 증언을 거부하는 자들은 하나님의 진노를 받게 됩니다. 하나님은 선하시며, 악을 의롭게 판단하시기 때문입니다. 그들이 이 사실을 알든지 모르든지 관계없이, 그들은 패망의 길에 있는 것입니다.

하나님의 아들이신 예수님을 거부하는 자들에 대한 세례 요한의 경고 메시지를 읽으며, 저는 하나님이 우리의 모든 죄를 이미 알고 계신 냉혹한 현실을 떠올립니다(롬 5:8).

> "하나님이 누구이시며, 예수님이 누구이신지를 알면, 복음 증거는 불가피한 결과입니다."[4]
> _크리스토퍼 라이트

은혜로우시며 인내가 많으신 주님은 우리에게 영생을 선물로 주시며, 죄와 죽음의 삶에서 떠나라고 명령하십니다.

그러나 하나님은 말씀을 지키시는 분이므로, 죄 가운데 있는 자들이 하나님의 심판을 맞게 될 날이 올 것이라고 선포하십니다. 세례 요한은 단순히 그리스도의 영광을 전할 뿐만 아니라 하나님의 진노에서 구원받는 길에 관해서도 증거했습니다. 우리가 마땅히 받아야 할 형벌을 예수님이 대신 받아 주심으로써 우리는 구원을 받았습니다. 하나님의 사랑을 신실하게 증거하는 것은 곧 사람들이 하나님의 진노를 피할 수 있도록 복음을 전하는 것을 의미합니다.

Q 하나님의 심판을 말하는 것은 예수님을 증거하는 데 어떤 역할을 합니까?

Q 복음을 전할 때, 하나님의 심판 메시지를 무시하거나 축소하면 어떻게 될까요?

결론

세례 요한은 예수님의 사역을 직접 증거하는 증인이었습니다. 그는 겸손했기에 예수님의 이름이 자기 이름보다 높여지는 것을 기뻐할 수 있었습니다. 그는 사람들이 예수님을 그냥 아는 것으로, 혹은 그분의 사역을 보려고 몰려드는 것으로는 충분하지 않다고 경고하면서도 기뻐했습니다. 하나님이 원하시는 것은 백성들이 예수님의 말씀을 듣고, 그분을 주님이자 구세주로 영접하는 것이라고 생각했기 때문입니다.

하나님은 우리에게도 세례 요한과 같은 사명을 주십니다. 깨어지고 겸손

Session 9

해지면 하나님께 쓰임받을 수 있습니다. 그렇게 되면 어두운 세상에서 예수 그리스도의 영광을 밝히는 빛의 역할을 할 수 있습니다. 목표는 사람들의 관심과 애정이 예수님께로 향하게 하는 것입니다. 사람들이 예수님을 자기 구주로 알고 영접하는 것보다 더 큰 기쁨과 만족은 없을 것입니다.

세례 요한이 그랬던 것처럼, 우리도 신랑의 친구로서 겸손한 자세로 사람들의 관심이 자신이 아닌 독생자 예수 그리스도를 향하도록 해야 합니다. 주목받아야 하는 이는 자신이 아닌 예수 그리스도이시기 때문입니다.

핵심교리
99
87. 전도

모든 민족을 제자로 삼는 것은 모든 그리스도인과 모든 교회의 의무이자 특권입니다. 하나님의 성령으로 영이 거듭났다는 것은 다른 사람들을 사랑하는 사람으로 거듭났다는 뜻입니다. 따라서 모든 그리스도인이 행하는 선교적 노력은 거듭난 사람이 행해야 하는 필수적인 영적 생활에 근거하며, 그리스도의 가르침 속에 분명히 그리고 반복적으로 나타나는 명령입니다. 그리스도인의 삶의 모습을 눈앞에 보여 주고 말로 증언함으로써, 잃어 버린 자들을 그리스도께 인도하고자 끝없이 노력하는 것은 모든 하나님의 자녀에게 주어진 의무입니다.

그리스도와의 연결

세례 요한은 자신이 신랑이 아니라 신랑의 친구임을 밝힙니다. 신랑의 친구로서 낮은 자세를 보이고, 결혼하는 신랑을 보고 기뻐하는 것이 그가 맡은 책임이었습니다. 예수님은 신부를 위해 목숨을 내어 주기 위해서 위로부터 오신 신랑입니다. 우리는 예수님의 말씀을 영접하고, 믿음으로써 주님의 신부가 됩니다.

하나님의 계획
우리의 사명

하나님은 우리에게 자기 자신이나 자신의 업적을 드러내는 것보다 우리 영혼을 만족시키시며 기꺼이 자신을 내어 주신 구세주를 가리켜 보이는 것에서 기쁨을 찾으라고 말씀하십니다.

1. 어떻게 하면 가정이나 일터나 지역 공동체에서 그리스도를 나타낼 수 있을까요?

2. 예수님과 그분의 사역에 더욱 집중할 수 있도록 회개해야 할 생각과 자세는 무엇입니까?

3. 우리에게 영원한 생명을 주시는 주님과 성령님을 기쁘게 증거하기 위해 교회/공동체는 서로 어떻게 격려해야 할까요?

예수님과 세례 요한

*
금주의 성경 읽기
사 31~37장;
왕하 18:9~19:37;
대하 32:1~23;
시 76편

예수님과 사마리아 여인

신학적 주제) 하나님은 영과 진리로 예배할 진정한 예배자들을 찾으십니다.

Session
10

복음의 기쁜 소식은 하나님이 어떤 사람이라도 구원하실 수 있으며 구원하고 계시다는 것입니다. 하나님은 배경과 민족과 생활 양식에 상관없이 구원하십니다.

세션 8에서 우리는 예수님이 한밤중에 찾아온 유대교 지도자 니고데모와 만나서 나누신 이야기를 살펴봤습니다. 또한 세례 요한의 사역과 예수님의 사역이 어떤 관계가 있었는지도 봤습니다. 이번에는 사도 요한이 예수님이 사람들과 어떻게 교제하셨는지를 보여 줍니다. 출신 배경과 과거 문제로 인해 하나님의 은혜를 받을 수 없을 것만 같던 한 여인과 예수님이 이야기를 나누십니다.

> "예배하는 마음은 예배의 대상을 만들어 내지 않습니다. 거듭난 아침에 마음이 도덕적 잠에서 깨어날 때, 비로소 하나님을 발견하게 되는 것입니다."[1]
>
> _A. W. 토저

Q '하나님의 은혜를 받을 수 없는 사람'이 있다면, 그는 어떤 특징을 가졌을 것 같습니까?

Q 모든 사람에게 은혜를 베푸시는 예수님의 이야기는 그런 고정관념에 어떻게 도전합니까?

이 세션에서는 예수님과 사마리아 여인의 대화를 볼 것입니다. 예수님은 야곱의 우물가에서 사마리아 여인을 만나셨습니다. 여인과의 대화에서 예수님은 영혼을 만족시키는 생수를 가지고 계신다고 말씀하시며 하나님은 영과 진리로 예배할 자를 찾으신다는 진리를 밝히셨습니다. 예수님을 따르는 사람으로서 우리는 사마리아 여인과 같습니다. 다른 사람들이 예수님이 누구이신지 알 수 있도록 주님을 높이며, 예수님이 주시는 영원한 생수에 관해 전해야 합니다.

1. 예수님은 영원히 목마르지 않게 할 생수를 주십니다(요 4:1~15)

[1]예수께서 제자를 삼고 세례를 베푸시는 것이 요한보다 많다 하는 말을 바리새인들이 들은 줄을 주께서 아신지라 [2](예수께서 친히 세례를 베푸신 것이 아니요 제자들이 베푼 것이라) [3]유대를 떠나사 다시 갈릴리로 가실새 [4]사마리아를 통과하여야 하겠는지라 [5]사마리아에 있는 수가라 하는 동네에 이르시니 야곱이 그 아들 요셉에게 준 땅이 가깝고 [6]거기 또 야곱의 우물이 있더라 예수께서 길 가시다가 피곤하여 우물 곁에 그대로 앉으시니 때가 여섯 시쯤 되었더라

예수님이 유대에서 갈릴리로 가기 위해 선택하신 길은 지름길이긴 했지만, 사람들이 애용하는 길은 아니었습니다. 예수님은 대부분의 유대인이 가기를 꺼리는 사마리아 지역을 지나가기로 하셨습니다. 사마리아인은 BC 722년에 멸망한 북이스라엘 왕국의 백성들이 사마리아 성으로 이주한 앗수르인들과 통혼해 낳은 '혼혈인'으로 여겨졌기 때문입니다. 결과적으로 혼혈 민족이 되었으니, 거의 모든 유대인이 그들을 경멸했습니다.

예수님은 당시 유대인 문화에서 당연시되었던 사마리아를 우회해 가는 여정을 거절하셨습니다. 그 대신 지름길을 택하심으로써 정오 무렵에 야곱의 우물가를 지나가게 되셨습니다. 사회적으로 버림받은 사람들이 물을 길러 나오는 때였습니다.

Q 복음은 우리 사회의 차별과 편견에 대해 어떻게 이야기합니까?

Q 잃어버린 자를 찾기 위해 문화의 장벽을 허물어 버리시는 예수님의 모습에서 무엇을 배울 수 있습니까?

[7] 사마리아 여자 한 사람이 물을 길으러 왔으매 예수께서 물을 좀 달라 하시니 [8] 이는 제자들이 먹을 것을 사러 그 동네에 들어갔음이러라 [9] 사마리아 여자가 이르되 당신은 유대인으로서 어찌하여 사마리아 여자인 나에게 물을 달라 하나이까 하니 이는 유대인이 사마리아인과 상종하지 아니함이러라 [10] 예수께서 대답하여 이르시되 네가 만일 하나님의 선물과 또 네게 물 좀 달라 하는 이가 누구인 줄 알았더라면 네가 그에게 구하였을 것이요 그가 생수를 네게 주었으리라 [11] 여자가 이르되 주여 물 길을 그릇도 없고 이 우물은 깊은데 어디서 당신이 그 생수를 얻겠사옵나이까 [12] 우리 조상 야곱이 이 우물을 우리에게 주셨고 또 여기서 자기와 자기 아들들과 짐승이 다 마셨는데 당신이 야곱보다 더 크니이까 [13] 예수께서 대답하여 이르시되 이 물을 마시는 자마다 다시 목마르려니와 [14] 내가 주는 물을 마시는 자는 영원히 목마르지 아니하리니 내가 주는 물은 그 속에서 영생하도록 솟아나는 샘물이 되리라 [15] 여자가 이르되 주여 그런 물을 내게 주사 목마르지도 않고 또 여기 물 길으러 오지도 않게 하옵소서

여기서 우리는 사회에서 소외된 여인과 예수님이 나누신 대화를 듣게 됩니다. 이 대화를 시작하신 이는 예수님이십니다. 이는 당시로서는 있을 수 없는 일이었습니다. 당시 율법 교사나 랍비라면 여자, 그것도 그들의 역사적, 민족적 배경에서 상종하지 말아야 할 사마리아인과는 대화하지 말아야 했습니다.

여인이 놀라서 묻습니다. "당신은 내가 사마리아인인 걸 모르나요?" 그녀는 자신이 유대 사회에서 '버려진 국외자'임을 알았습니다. 사마리아인이라는 이유로 천대받아 왔을 것입니다.

예수님은 이 대화가 그녀에게 주시는 하나님의 선물임을 암시하며 대화를 이끌어 가셨습니다. 마실 물에 관한 대화가 하나님만이 주실 수 있는 생수의 필요성으로 이어졌습니다. 그것은 하나님의 아들, 예수 그리스도의 사역과 성령님의 거하심을 통해 하나님이 주시는 구원의 선물입니다. 예수님은 영적 만족을 갈망하던 여인에게 영적 목마름을 해소해 줄 생수에 관해 말씀해 주셨습니다.

Q 사람들이 영적 갈증을 해소하기 위해 '이 땅에서 찾는 물'은 무엇입니까?

Q 그러나 그것으로는 영적 갈증을 해소하지 못한다는 사실을 어떻게 알 수 있습니까?

2. 예수님은 참 예배를 가능하게 하시는 선지자이십니다

(요 4:16~24)

16이르시되 가서 네 남편을 불러오라 17여자가 대답하여 이르되 나는 남편이 없나이다 예수께서 이르시되 네가 남편이 없다 하는 말이 옳도다 18너에게 남편 다섯이 있었고 지금 있는 자도 네 남편이 아니니 네 말이 참되도다 19여자가 이르되 주여 내가 보니 선지자로소이다 20우리 조상들은 이 산에서 예배하였는데 당신들의 말은 예배할 곳이 예루살렘에 있다 하더이다 [21]예수께서 이르시되 여자여 내 말을 믿으라 이 산에서도 말고 예루살렘에서도 말고 너희가 아버지께 예배할 때가 이르리라 [22]너희는 알지 못하는 것을 예배하고 우리는 아는 것을 예배하노니 이는 구원이 유대인에게서 남이라 [23]아버지께 참되게 예배하는 자들은 영과 진리로 예배할 때가 오나니 곧 이때라 아버지께서는 자기에게 이렇게 예배하는 자들을 찾으시느니라 [24]하나님은 영이시니 예배하는 자가 영과 진리로 예배할지니라

예수님이 이끄시는 대화 방식이 흥미롭습니다. 예수님은 사마리아 여인에게 친근하게 말을 건네시며 자연스럽게 개인적인 이야기로 이끌어 가셨습니다. 물에 관한 대화가 영적 목마름은 하나님만이 해소해 주실 수 있다는 진리로 이어졌습니다. 그러고 나서 이어진 여인의 결혼 이력에 관한 이야기는 사람의 마음을 꿰뚫어보시는 예수님의 능력을 보여 주었습니다. 이에 여인은 "내가 보니 선지자로소이다"라고 대답했습니다. 그녀의 말이 맞았습니다.

여자가 자기 결혼 문제에서 예배 장소에 관한 주제로 넘어가려고 해도, 예수님은 그녀의 마음에만 집중하셨습니다. 예수님은 하나님이 영과 진리로 예배하는 자를 찾으신다고 말씀하셨습니다. 예수님이 암시하신 바를 놓치지 마십시오. 이 여인이 하나님이 찾으시는 사람들 가운데 한 사람이라는 것입니다.

Q 하나님과의 관계에 관해 말하지 않으려고 특정 주제를 회피한 적이 있습니까? 어떤 식입니까?

예수님은 사마리아 여인에게 예배는 더 이상 지리적 위치에 구애받지 않는다고 말씀하셨습니다. 하나님은 사방에서 사람들을 부르시어 자신을 따라오게 하시고 올바르게 예배하게 하십니다. 구원의 문은 온 세상을 향해 열려 있습니다.

여기서 핵심은 하나님은 사람들이 올바로 예배드리기를 원하신다는 것

입니다. 영과 진리로 드리는 예배의 의미는 하나님이 받으실 만한 예배를 드리기 위해 성령님으로 거듭나야 한다는 것입니다. 오직 주님만이 우리로 하여금 영과 진리로 예배드리도록 인도하실 수 있습니다. 이 예배는 말씀으로 가득 채워져야 하며, 예수님께 온전히 집중하는 예배여야 합니다.

> **핵심교리 99** · **11. 무한하신 하나님**
>
> 무한하신 하나님이란 주님의 존재와 특징에 경계가 없다는 뜻입니다(욥 11:7~9, 시 147: 5). 예를 들어, 하나님은 공간적으로나 시간적으로 무한하십니다. 즉 물질적인 공간에 구애받지 않으시며, 시간을 초월하시니 시간에 제한받지도 않으십니다(시 90:1~2). 또한 만물에 관한 지식뿐 아니라, 뜻에 따라 만물을 운행하시는 권능까지도 무한하십니다.

Q 영과 진리로 드리는 예배의 특징은 무엇입니까?

Q 진리 없이 영만으로, 또는 영 없이 진리만으로 예배를 드릴 수 있습니까? 그렇다면 또는 그렇지 않다면, 그 이유는 무엇입니까?

3. 예수님은 사명을 위해 우리를 파송하시는 메시아이십니다

(요 4:25~42)

25 여자가 이르되 메시아 곧 그리스도라 하는 이가 오실 줄을 내가 아노니 그가 오시면 모든 것을 우리에게 알려 주시리이다 26 예수께서 이르시되 네게 말하는 내가 그라 하시니라 27 이때에 제자들이 돌아와서 예수께서 여자와 말씀하시는 것을 이상히 여겼으나 무엇을 구하시나이까 어찌하여 그와 말씀하시나이까 묻는 자가 없더라 28 여자가 물동이를 버려두고 동네로 들어가서 사람들에게 이르되 29 내가 행한 모든 일을 내게 말한

사람을 와서 보라 이는 그리스도가 아니냐 하니 [30]그들이 동네에서 나와 예수께로 오더라 [31]그 사이에 제자들이 청하여 이르되 랍비여 잡수소서 [32]이르시되 내게는 너희가 알지 못하는 먹을 양식이 있느니라 [33]제자들이 서로 말하되 누가 잡수실 것을 갖다 드렸는가 하니 [34]예수께서 이르시되 나의 양식은 나를 보내신 이의 뜻을 행하며 그의 일을 온전히 이루는 이것이니라 [35]너희는 넉 달이 지나야 추수할 때가 이르겠다 하지 아니하느냐 그러나 나는 너희에게 이르노니 너희 눈을 들어 밭을 보라 희어져 추수하게 되었도다 [36]거두는 자가 이미 삯도 받고 영생에 이르는 열매를 모으나니 이는 뿌리는 자와 거두는 자가 함께 즐거워하게 하려 함이라 [37]그런즉 한 사람이 심고 다른 사람이 거둔다 하는 말이 옳도다 [38]내가 너희로 노력하지 아니한 것을 거두러 보내었노니 다른 사람들은 노력하였고 너희는 그들이 노력한 것에 참여하였느니라 [39]여자의 말이 내가 행한 모든 것을 그가 내게 말하였다 증언하므로 그 동네 중에 많은 사마리아인이 예수를 믿는지라 [40]사마리아인들이 예수께 와서 자기들과 함께 유하시기를 청하니 거기서 이틀을 유하시매 [41]예수의 말씀으로 말미암아 믿는 자가 더욱 많아 [42]그 여자에게 말하되 이제 우리가 믿는 것은 네 말로 인함이 아니니 이는 우리가 친히 듣고 그가 참으로 세상의 구주신 줄 앎이라 하였더라

본문은 선교에 관한 모든 것을 보여 줍니다! 먼저 여인은 메시아가 모든 것을 바로잡으러 오실 것이라고 말했습니다. 예수님이 선지자처럼 말씀하셨지만 확신이 없었던 것입니다. 그런데 예수님은 그녀가 말한 메시아가 바로 자신임을 곧바로 드러내셨습니다.

이때 먹을 것을 구하러 마을에 갔던 제자들이 돌아왔습니다. 그들은 예수님이 윤리적·문화적 장벽을 무시하고, 문화적 관습을 깨뜨리시는 이유가 무엇인지 궁금해했습니다. 제자들이 예수님의 행동에 의문을 품는 동안, 사마리아 여인은 물동이를 버려두고 동네로 달려갔습니다. 예수님이 메시아이심을 알게 되자마자 모든 것을 버려두고, 사람들에게 예수님을 전하러 간 것입니다.

그녀는 예수님을 이제 막 만났지만, 사람들에게 주님을 전할 준비가 되

어 있었습니다. 위대하고 열정적인 복음 전
도자 중에는 예수님을 영접한 지 얼마 안
된 사람들이 꽤 있습니다. 그들은 하나님이
행하신 좋은 소식을 다른 사람들에게 전하

**"복음은 우리를 통해 뻗어 나가
기 위해 우리에게 옵니다."[2]**
_스코티 스미스

는 것에 관한 흥분으로 가득 차 있습니다. 그러나 불행하게도 하나님의 구원에
처음 느꼈던 경외심과 놀라움은 쉽게 퇴색되곤 합니다. 열정을 잃어 갈수록 복
음을 전하는 일에도 소홀해지게 됩니다. 그러므로 사마리아 여인 같은 열정적
인 사람들을 보고, 하나님의 사랑을 세상에 전하고자 하는 소망으로 마음을
새롭게 해 주시기를 간구해야 합니다.

Q 그리스도와 동행하며 사람들에게 복음을 전하는 데 열정을 쏟았던 때가 있습니까?
그때와 지금은 무엇이 달라졌습니까?

Q 잃어버린 자들에게 예수님의 복음을 전하려는 열정이 쉽게 사라지는 이유는 무엇일
까요? 열정을 잃지 않으려면 어떻게 해야 할까요?

사마리아 여인이 온 마을을 다니며 사람들에게 메시아를 전하는 동안,
제자들은 예수님께 잡수실 것을 권했습니다. 하지만 예수님은 하나님의 뜻을
행하는 데서 만족을 얻는다고 말씀하셨습니다. 예수님도 시장하시지만, 하나
님의 뜻을 행하느라 치르는 희생이 다른 모든 관심사보다 중요하다는 것과 사
역의 기쁨을 강조하시려고 하신 말씀입니다. 사람들에게 말씀의 양식을 먹이
는 것이 그 어떤 잔치보다 중요하다는 것입니다.

하나님은 사마리아 여인의 전도를 통해 그 지역의 많은 사람이 예수님을
믿게 하셨습니다. 그들은 여인의 말에 호기심을 느꼈다가 메시아 예수님을 만
나고 나서 직접 믿게 되었습니다. 이것이 바로 전도의 모범입니다. 믿지 않는 사

람들과 나누는 은혜로 가득 찬 대화가 예수님에 관한 호기심을 불러일으켜야 합니다. 우리에게는 사람들이 이해할 수 있는 방식으로 풍성한 복음의 영광을 풀어 나갈 책임이 있습니다. 말씀으로 차근차근 알려주면, 그들도 생수의 근원이신 하나님을 만나게 될 것입니다.

Q 예수님의 메시지는 내 삶에 어떻게 심겼으며, 주님을 믿는 신앙으로 어떻게 이끌었습니까?

결론

예수님의 사역을 통해 하나님께 드리는 예배가 더 이상 지리적 위치나 민족이나 성별에 구애받지 않게 되었습니다. 구원의 문은 상상 가능한 모든 배경의 죄인들에게 열려 있습니다(갈 3:26~28). 예수님이 제자들에게 말씀하신 것처럼, 우리 주변에는 전도할 사람들이 아주 많습니다. 하나님께 주변 사람들을 볼 수 있도록 우리 눈을 열어 주시고, 그들에게 하나님의 진리를 전해 그들을 그리스도께 인도할 수 있도록 우리 입을 열어 주시길 기도해야 합니다. 그리고 사마리아 여인처럼 우리도 이렇게 말할 수 있어야 합니다. "와서 보라!"

그리스도와의 연결

예수님은 사마리아 여인에게 언젠가 예배하는 자들이 산이나 예루살렘 같은 물리적 위치에 제한받지 않고, 영과 진리로 예배할 때가 오리라고 말씀하셨습니다. 예수님의 죽음과 부활 덕분에, 우리의 예배는 더 이상 지리에 얽매이지 않습니다. 우리는 예수님을 온 세상의 구주로 경배합니다.

**하나님의
계획**
우리의 사명

하나님은 우리에게 그리스도만이 주실 수 있는 생수를 필요로 하는 사람들이 세상에 널려 있음을 눈을 들어 보라고 말씀하십니다. 모두가 전도해야 할 사람들입니다.

1. 참되고 영원한 만족을 얻기 위해 세상 '물'을 찾아 헤매는 사람들에게 어떻게 하면 예수님을 가리켜 보여 줄 수 있을까요?

____

____

____

2. 불신자들을 은혜로 가득한 대화를 통해 예수님께 인도하려면 어떻게 해야 할까요?

____

____

____

3. 삶에서 문화적 장벽을 넘어 복음의 씨를 뿌리고 거두는 것으로 예수님의 사역에 동참하려면 어떻게 해야 할까요?

____

____

____

*

금주의 성경 읽기
사 38~42장;
왕하 20장;
대하 32:24~33;
시 46편

예수님과 나사렛 사람들

신학적 주제 사람들의 거절이나 반발이 성령님으로 충만한 사역을 막지는 못합니다.

Session 11

저는 거절과 실패를 극복하고 일어선 사람들의 이야기를 좋아합니다. 예를 들어 메이시, 월트 디즈니, 알베르트 아인슈타인 같은 사람들의 이야기입니다.

이와 비슷한 그리스도인들의 이야기가 있습니다. 바로 고난을 통해 예수님의 영광을 알게 하시는 성령님의 사역으로 다양한 형태의 반대를 극복해 온 그리스도인들의 이야기입니다. 시련 가운데서도 밝게 빛났던 믿음의 사람들 이야기는 우리 마음을 끕니다.

모든 신자는 성령님의 능력을 통해 확신을 가지고 용기 있게 행동할 수 있습니다. 예수님도 그분을 가장 잘 아는 이들로부터 거절당하셨을 때 그렇게 행동하셨습니다.

 누군가에게 거절당하는 기분을 느껴 본 적이 있나요?

Date . .

116

Q 친밀한 관계에서 거절당하면 그 마음이 어떨까요?

이 세션에서는 예수님이 고향 나사렛 마을 회당에서 말씀하시는 장면을 보게 될 것입니다. 예수님은 이사야서 말씀을 읽으시고, 그 예언이 이루어지리라고 말씀하셨습니다. 예수님의 사역으로 온갖 속박과 죄에 사로잡힌 사람들이 자유함을 얻게 되리라는 말씀입니다. 그러나 고향 사람들은 선지자로서의 예수님뿐 아니라 구원의 메시지까지 거부했습니다. 예수님을 따르는 자로서 우리는 복음 때문에 거절과 반대에 부딪힐 수 있습니다. 그러나 우리는 성령님의 권능에 의지해 그것을 이겨 낼 수 있습니다.

> *"성령의 기름 부으심은 예수님을 만난 사람들을 두 그룹으로 나뉘게 합니다. 즉 예수님의 말씀과 사역에서 하나님을 인식하는 자들과 그렇지 못한 자들입니다."*[1]
>
> _폴 존 이삭

1. 예수님은 이사야가 예언했던 바로 그 메시아이십니다

(눅 4:14~22)

[14]예수께서 성령의 능력으로 갈릴리에 돌아가시니 그 소문이 사방에 퍼졌고 [15]친히 그 여러 회당에서 가르치시매 뭇 사람에게 칭송을 받으시더라 [16]예수께서 그 자라나신 곳 나사렛에 이르사 안식일에 늘 하시던 대로 회당에 들어가사 성경을 읽으려고 서시매 [17]선지자 이사야의 글을 드리거늘 책을 펴서 이렇게 기록된 데를 찾으시니 곧 [18]주의 성령이 내게 임하셨으니 이는 가난한 자에게 복음을 전하게 하시려고 내게 기름을 부으시고 나를 보내사 포로 된 자에게 자유를, 눈먼 자에게 다시 보게 함

을 전파하며 눌린 자를 자유롭게 하고 [19]주의 은혜의 해를 전파하게 하려 하심이라 하였더라 [20]책을 덮어 그 맡은 자에게 주시고 앉으시니 회당에 있는 자들이 다 주목하여 보더라 [21]이에 예수께서 그들에게 말씀하시되 이 글이 오늘 너희 귀에 응하였느니라 하시니 [22]그들이 다 그를 증언하고 그 입으로 나오는 바 은혜로운 말을 놀랍게 여겨 이르되 이 사람이 요셉의 아들이 아니냐

예수님이 관례대로 회당에 들어가 성경을 읽기 위해 서셨습니다. 이날 읽을 말씀은 오실 메시아에 관한 이사야 선지자의 예언 부분이었습니다.

"주의 성령이 내게 임하셨으니 이는 가난한 자에게 복음을 전하게 하시려고 내게 기름을 부으시고 나를 보내사 포로 된 자에게 자유를, 눈먼 자에게 다시 보게 함을 전파하며 눌린 자를 자유롭게 하고 주의 은혜의 해를 전파하게 하려 하심이라 하였더라"(눅 4:18~19; 참조, 사 61:1~2).

이사야의 예언에는 메시아 사역의 속성과 메시아가 성령님의 권능으로 어떤 일을 하시는가에 관한 묘사가 담겨 있었습니다. 이 사역의 주된 초점은 어려움에 처한 다양한 사람들, 즉 가난한 자, 포로 된 자, 눈먼 자, 눌린 자에게 복음을 선포하는 것입니다. 이 사역은 죄에 사로잡혀 있거나, 복음을 듣지 못하거나, 악에 짓눌려 있거나, 영적으로 피폐한 사람들의 영적 필요에 초점이 맞춰져 있었습니다. 그러나 이사야는 그와 동시에 사람들의 경제적·물질적 필요도 중요하게 생각했습니다. 메시아의 사역은 영원한 필요와 현세적 필요, 곧 영적 필요와 육체적 필요에 모두 응답해야 합니다.

이런 이유로 교회는 영적 필요와 물질적 필요, 두 가지 모두에 늘 초점을 맞추어 왔습니다. 교회는 세상을 구원하기 위한 예수님의 구속 사역을 선포하며, 동시에 고난당하는 사람들에게 물질로 현실적인 도움을 줌으로써 그들과 함께해야 합니다. 야고보서는 이렇게 말합니다.

"하나님 아버지 앞에서 정결하고 더

"예수님은 이사야서의 이 부분을 읽으심으로써 우리에게 자신의 사명과 이 땅에 임한 하나님 나라와 그 권능에 관해 묘사해 주셨습니다. 하나님 나라가 하늘에 있을지 몰라도 이 땅에 직접적인 영향을 끼친다는 말씀입니다."[2]

_키이스 윗필드

러움이 없는 경건은 곧 고아와 과부를 그 환난 중에 돌보고 또 자기를 지켜 세속에 물들지 아니하는 그것이니라"(약 1:27).

믿는 사람들은 이 두 가지 속성을 진지하게 받아들여야 합니다. 즉 거룩함을 추구하는 것과 곤궁한 이들에게 하나님의 사랑과 자비를 드러내는 것 말입니다.

Q 예수님은 우리를 영적인 포로 상태에서 구원해 주셨습니다. 주님의 구원하심은 우리로 하여금 주변 사람들의 물질적 필요에 어떻게 반응하게 합니까?

Q 그리스도인들이 영적인 문제에만 집중하고, 물질적 필요를 충족시키지 못하는 것이 문제가 되는 이유는 무엇인가요?

예수님이 메시아의 사역을 묘사한 구절을 읽고 나서 자리에 앉으시자 회당에 있는 사람들이 놀라워하며 웅성거렸습니다. 이때 예수님이 이렇게 말씀하셨습니다.

"이 글이 오늘 너희 귀에 응하였느니라"(눅 4:21).

예수님은 바로 그곳, 회당에 있는 사람들 앞에서 이사야의 예언이 성취되었음을 담대하게 선포하셨습니다. 예수님의 선포를 들은 사람들은 당황했습니다. 그들은 예수님의 설득력 있는 말씀에 놀라면서도 목수의 아들이 특별할 리 없다고 생각했던 것입니다.

그래서 예수님의 고향 사람들은 오늘날 많은 사람이 예수님께 보이는 반응과 똑

> *"당신은 선택해야만 합니다. 이분을 여전히 하나님의 아들로 여길 것인지, 아니면 광인이거나 그보다 더 나쁜 존재로 여길 것인지 말입니다. 당신은 그분을 어리석다 여겨 입을 다물게 할 수도 있고, 그분에게 침을 뱉거나 그분을 악마로 여겨 죽일 수도 있습니다. 그렇다고 잘난 체하며 그분을 위대한 교사로 칭송하는 허튼소리를 해서도 안 될 것입니다. 주님은 우리에게 그럴 여지를 주지 않으셨고, 그럴 생각도 없으시기 때문입니다.* [3]*
>
> _C. S. 루이스*

같이 행동했습니다. 주님의 말씀을 받아들이기 싫어하며, 그분의 유일성까지 기부했습니다. 그들은 주님을 인간적으로 깔봤습니다. 평가 절하하며 주님을 신뢰하지 않았습니다.

Q 오늘날 사람들은 어떤 식으로 예수님의 유일하심에 대해 불신하고 의문을 제기합니까?

Q 그리스도인인 우리가 예수님이 다른 사람들과 다르시다는 사실을 강조하는 것이 중요한 이유는 무엇입니까?

2. 예수님은 다른 선지자들처럼 자기 백성에게서 배척당하십니다(눅 4:23~27)

23예수께서 그들에게 이르시되 너희가 반드시 의사야 너 자신을 고치라 하는 속담을 인용하여 내게 말하기를 우리가 들은 바 가버나움에서 행한 일을 네 고향 여기서도 행하라 하리라 24또 이르시되 내가 진실로 너희에게 이르노니 선지자가 고향에서는 환영을 받는 자가 없느니라 25내가 참으로 너희에게 이르노니 엘리야 시대에 하늘이 삼 년 육 개월간 닫히어 온 땅에 큰 흉년이 들었을 때에 이스라엘에 많은 과부가 있었으되 26엘리야가 그중 한 사람에게도 보내심을 받지 않고 오직 시돈 땅에 있는 사렙다의 한 과부에게뿐이었으며 27또 선지자 엘리사 때에 이스라엘에 많은 나병 환자가 있었으되 그중의 한 사람도 깨끗함을 얻지 못하고 오직 수리아 사람 나아만뿐이었느니라

"선지자가 고향에서는 환영받지 못한다"는 말을 들어 본 적이 있을 것입니다. 예수님의 말씀에서 유래된 것으로, 오늘날 흔히 쓰는 "익숙하면 귀한 줄

모른다"는 말과 비슷한 뜻입니다.

고향 사람들은 예수님을 특별하게 생각하지 않고, 평범하게만 여겼습니다. 심지어 주님의 말씀에 관심을 두지도 않았습니다. 주님이 베푸시는 기적은 보고 싶어 하면서도 말입니다.

Q 고향 나사렛에서 더는 기적을 행하지 않기로 하신 예수님의 결정에 관해 어떻게 생각합니까?

Q 예수님은 그들의 거절에 왜 그런 식으로 반응하셨을까요?

예수님이 선포하신 자유의 날은 유대인만을 위한 것이 아닙니다. 하나님은 땅의 모든 족속이 아브라함으로 말미암아 복을 얻게 될 것이라고 약속하신 대로(창 12:3) 다른 민족들에게도 자유를 선포하실 것입니다.

나사렛 사람들의 불신을 보신 예수님은 이 점을 강조하기 위해 구약의 두 가지 이야기를 들려주십니다. 강력하게 역사했던 하나님의 선지자 엘리야와 엘리사의 이야기입니다. 둘 다 '하나님의 백성'으로 공인받지 못한 사람들, 즉 이방인들에게 하나님이 기적을 베풀어 주신 이야기입니다.

엘리야와 사르밧 과부의 이야기 (왕상 17:1~24)	엘리사와 나아만 장군의 이야기 (왕하 5:1~19)

두 이야기가 예수님 시대에 새로운 의미를 부여합니다. 예수님은 거절당해 온 선지자의 계보에 자신을 두셨습니다. 그리고 나사렛 사람들을 오래전에 선지자들을 거부했던 옛 이스라엘 백성의 계보에 두셨습니다. 그들이 예수님의 말씀을 듣고 불쾌해한 것은 이상한 일이 아닙니다. 예수님의 말씀을 듣고, 그들의 마음이 더 완악해진 것입니다.

핵심교리 99

50. 선지자이신 그리스도

예수님은 직무 중 하나로 선지자의 역할을 하셨습니다. 주님만이 영생의 말씀을 가르치는 궁극의 교사이십니다 (요 6:68). 또한 하나님의 궁극적인 자기 계시이십니다.

 **믿음 때문에 거절당해 본 적이 있나요?**

3. 예수님은 사람들의 배척에도 불구하고 사역을 계속하십니다(눅 4:28~30)

28 회당에 있는 자들이 이것을 듣고 다 크게 화가 나서 29 일어나 동네 밖으로 쫓아내어 그 동네가 건설된 산 낭떠러지까지 끌고 가서 밀쳐 떨어뜨리고자 하되 30 예수께서 그들 가운데로 지나서 가시니라

사람들은 예수님의 말씀에 분개해서 주님을 절벽으로 끌고 가 죽이려고 했습니다. 예수님은 우리를 대신해 죽으러 오시긴 했지만, 아직은 그때가 아니었습니다. 예수님이 어떻게 성난 군중 사이를 빠져나와 죽음의 순간을 모면하셨는지는 정확히 알 수 없습니다. 어떤 주석가들은 예수님의 피신을 기적으로 생각하고, 어떤 주석가들은 그냥 간신히 빠져나오셨다고 믿습니다. 어느 쪽이건 간에 나사렛에서 심각한 상황이 벌어졌던 것은 분명합니다. 이사야 선지자가 700년 전에 예언한 대로, 예수님은 자기 백성에게 거절당하셨습니다(사 53:3). 고향 사람들의 배척에도 불구하고, 예수님은 하나님의 부르심에 따른 사명을 지속해 나가셨습니다.

Q **사람들의 거절과 반대에도 하나님의 역사가 계속되는 경우를 본 적이 있나요? 어떤 식으로 계속되었나요?**

예수님은 자신을 따르는 자들에게 이와 똑같은 배척을 견뎌야 할 것이라고 경고하셨습니다(마 5:10~12; 요 15:19~23). 여기서 우리는 위안을 얻을 수 있습니다. 왜냐하면 예수님은 거절에 직면했으나 견디셨고 끝내 승리하셨기 때문입니다. 예수님은 그러한 모습을 통해 우리에게 본보기가 되셨습니다. 성령님이 거절을 이겨 낼 힘을 주십니다.

사명을 감당하며 살아가려고 하는 믿는 자들의 가치는 숫자나 지표로 환산되지 않습니다. 오히려 우리 가치는 복음의 메시지대로 살고 전하는 과정에서, 우리 안에 거하시고 우리와 함께하시는 성령 하나님 안에서 발견됩니다. 그리스도께 신실하다는 것은 이런 것입니다.

- 하나님과의 친밀함 가운데 머물기(요 15:1~11).
- 하나님의 말씀에 비추어서만 행동하기(골 3:15~17).
- 성령님의 인도하심에 따라 말하고 행동하며 살아가기(엡 5:18). 그럼으로써 성령님이 우리가 기도할 때 마음의 죄를 드러내시고(요일 1:8~10) 우리를 통해 열매를 맺으심(갈 5:22~23).

이렇게 하면, 박해나 고통을 견딜 수 있을 것입니다. 나아가 예수님처럼 거절에 직면했던 하나님의 백성 가운데 하나가 되는 기쁨을 누릴 수 있게 될 것입니다.

Q **거절과 반대를 인내로 견디는 것이 어떤 면에서 우리의 증언과 사명을 더 견고하게 해 줍니까?**

결론

예수님이야말로 진정한 구세주이십니다! 주님은 거절과 반대에 직면하셨지만, 잃어버린 자들을 찾아 구원하는 사역을 완수하기 위해 성령님의 권능에 힘입으셨습니다. 하나님이 약속하신 대로 이스라엘을 버리지 않으셨다는 사실이 위로가 됩니다. 하나님은 예수님이 태어나시기 수백 년 전에 이사야 선지자를 통해 죄에서 자유롭게 될 날이 오리라는 약속을 주셨습니다. 예수님은 죄에 사로잡힌 자들을 구속하시겠다는 하나님 약속의 성취이십니다.

이제 우리는 거절과 반대에 부딪혀도 견딜 수 있는 희망을 찾을 수 있습니다. 복음을 전하다가 낯선 사람이나 동료에게 거절당하거나, 예수님 편에 섰다는 이유로 가족에게 거절당해도 상관없습니다. 믿는 사람들과 하나 되어, 우리를 구원하기 위해 반대를 참으셨던 예수님을 기억하도록 서로 격려해 줄 수 있기를 바랍니다. 또한 포로 된 자를 구원하고자 하시는 예수님의 복음의 진리를 새롭게 하여 우리를 거절했던 사람들과도 다시 교제할 수 있기를 바랍니다.

> "교회의 힘은 제도의 힘이 아닌 복음 증거의 진정성에 있습니다."[4]
>
> _프랭크 바이올라 & 레너드 스위트

그리스도와의 연결

예수님이 태어나시기 수백 년 전에 이사야 선지자는 메시아를 보내시려는 하나님의 계획에 관해 썼습니다. 메시아께서 복음을 들고, 포로 된 자들을 구속하러 오신다는 예언이었습니다. 예수님은 이사야서 말씀을 읽으시고, 자신이 바로 이사야의 예언을 성취할 약속된 메시아이심을 밝히셨습니다.

**하나님의
계획**
우리의 사명

우리는 가장 가까운 사람들에게 거절당하더라도 사명을 감당해야
합니다.

1. 영적으로 곤궁한 사람들에게 예수님의 복음을 선포할 때, 지역 사회에서 접하게 되는
   물질적인 필요는 무엇입니까?

   ____

   ____

   ____

2. 예수님을 믿는다는 이유로 배척당하는 젊은 신자가 있다면, 어떤 말로 격려해 주겠습
   니까?

   ____

   ____

   ____

3. 교회/공동체는 어떻게 그리스도를 위해 거절과 박해를 당하는 전 세계 그리스도인들
   을 지원하고 지지해 줄 수 있을까요?

   ____

   ____

   ____

예수님과 나사렛 사람들

*
금주의 성경 읽기
**사 43~49장;
시 80편; 135편**

예수님과 삭개오

신학적 주제 · 예수님은 잃어버린 자들을 찾아 구원하러 오셨습니다.

Session 12

삭개오의 이야기는 예수님을 보기 위해 나무 위로 올라간 키 작은 한 남자의 이야기입니다. 예수님을 보기 위해 최선을 다했던 삭개오의 이야기는 어린 시절 우리 가족과 함께 예배를 드리러 갔던 한 남자를 떠올리게 합니다.

어린 시절 우리 가족은 주일에 예배를 드리러 갈 때마다 항상 한 남자를 태워서 함께 갔습니다. 그를 데리러 가야 했기 때문에 이전보다 일찍 출발했는데, 그것이 일상이 되자 슬슬 짜증이 나기 시작했습니다. 어느 주일 아침, 저는 어머니께 그 남자를 태워서 가는 게 불편하다고 불평했습니다. "그냥 버스 타고 가라고 하면 안 돼요?" 그러자 어머니는 그 사람에 관한 이야기를 들려주셨습니다.

어머니의 말에 따르면, 그는 부모의 학대와 방치 가운데 살다가 그리스도를 영접하게 되었습니다. 여러 교인이 그를 태워 교회에 데려가곤 했는데, 집이 너무 멀어서 꾸준히 데려가기가 어려웠습니다. 예배를 너무나도 드리고 싶었던 그 남자는 해가 뜨기도 전에 일어나 교회까지 걸어 다니기 시작했습니다.

그는 예배를 드리기 위해 왕복 4시간을 걸어 다녔습니다.

어머니와 나눈 대화로 모든 것이 달라졌습니다. 그날 이후 저는 그 남자와 함께 교회에 가기 위해 조금 일찍 일어나는 것에 관해 더 이상 불평하지 않았습니다. 교회에 가는 길에 그 남자에게 아침을 대접해 주면 좋겠다고 먼저 제안할 정도로 달라졌습니다.

Q 예수님을 경배하기 위해 기꺼이 희생을 감수하는 사람들을 본 적이 있습니까?

Q 그들의 선택은 우리에게 무엇을 보여 줍니까?

이 세션에서는 삭개오에 관한 이야기를 읽을 것입니다. 그를 통해 예수님의 사랑을 경험한 죄인이 그 마음에 넘치는 감사를 어떻게 표현하는지를 볼 수 있습니다. 삭개오는 예수님을 보기 위해 최선을 다했고, 예수님의 명령에 순종해 예수님을 집에 모셨으며, 그로 말미암아 변화되어 놀라운 관용을 베풀었습니다. 삭개오 이야기와 그 속에 담긴 잃어버린 자를 찾아 구원하시려는 예수님의 열망은 우리 자신을 돌아보게 합니다. 우리는 회개하고, 관대하게 복음을 전하라고 부름받은 존재들이기 때문입니다.

1. 삭개오는 예수님을 만나기 위해 난관을 극복합니다(눅 19:1~4)

¹예수께서 여리고로 들어가 지나가시더라 ²삭개오라 이름 하는 자가 있으니 세리장이요 또한 부자라 ³그가 예수께서 어떠한 사람인가 하여 보고자 하되 키가 작고 사람이 많아 할 수 없어 ⁴앞으로 달려가서 보기 위하여

돌무화과나무에 올라가니 이는 예수께서 그리로 지나가시게 됨이러라

누가가 삭개오를 어떻게 묘사하는지 보십시오. 그는 삭개오를 두 가지로 특징짓습니다. 삭개오는 '세리장'이었으며 '부자'였다는 것입니다. 예수님 시대에는 유대인들이 세리를 경멸했습니다. 왜 그랬을까요? 그들은 유대인이면서도 하나님의 백성을 학대하는 로마 제국의 관리들과 결탁한 사람들이었기 때문입니다. 그들은 로마 세금에 웃돈을 붙여서 걷는 등 갖은 부정부패를 저질렀고, 그렇게 모은 돈으로 부유하게 살았습니다.

예수님 시대에는 세리들이 백성들에게 과도한 세금을 요구해도 사람들이 이를 따를 수밖에 없었습니다. 이러한 관행을 신고할 만한 곳도 없었습니다. 세리장 삭개오는 누가의 말대로 '부자'였습니다. 동족을 억압하며 불의하게 부를 쌓은 사람입니다. 죄 가운데 힘으로 부를 얻었으니 반역자로 간주될 만한 사람이었습니다. 예수님의 제자가 될 만한 사람이 아니었다는 것입니다.

Q 복음서에서 부와 관련된 예수님 이야기들은 어떤 것들이 있습니까?

Q 이런 이야기들에서 무엇을 배울 수 있습니까?

흥미롭게도 삭개오는 정말로 예수님을 보고 싶어 했습니다. 문제는 그의 키가 작다는 데 있었습니다. 어쩌면 세리들을 미워하던 사람들이 일부러 삭개오가 앞으로 나가지 못하게 막았는지도 모릅니다. 그의 착취에 대한 일종의 앙갚음이었을 것입니다. 상황이 어찌 되었건, 삭개오는 예수님을

"무리가 막아서서 예수님을 시야에서 가려 버립니다. 그들은 십자가에 달리시어 '아버지 저들을 사하여 주옵소서 자기들이 하는 것을 알지 못함이니이다'라고 말씀하실 분을 가로막은 셈입니다."[1]

_어거스틴

보기로 결심했습니다. 그래서 그는 나무 위로 올라갔습니다.

삭개오는 왜 그런 결심을 했을까요? 혹시 한때 세리였으나 지금은 예수님의 제자가 된 마태와 친했던 것은 아닐까요? 예수님이 마태를 받아 주셨던 것처럼 자기도 받아 주시지 않을까 생각하진 않았을까요? 본문은 이와 관련해 어떤 말도 하지 않습니다. 그러나 예수님이 세리나 다른 죄인들과도 기꺼이 친교를 나누셨다는 것을 통해 유추할 수는 있습니다. 삭개오는 아마도 예수님의 가르침에 자신도 변화되기를 소망했을 것입니다.

Q 사람들은 삭개오가 예수님을 보러 가는 길을 막아섰습니다. 오늘날 사람들은 예수님을 만나려는 사람들을 어떻게 방해합니까?

삭개오가 나무에 오른 것은 유례없는 일이었습니다. 당시 성인 남자는 나무에 오르지 않았기 때문입니다. 영향력을 가진 사람이 이런 행동을 하는 것은 품위 없는 일이었으나 삭개오는 신경 쓰지 않았습니다. 그는 키가 작았고, 많은 무리가 길을 메우고 있었기 때문입니다. 삭개오는 어린아이 같은 열정으로 나무에 올랐습니다. 그리고 마침내 예수님을 볼 수 있을 정도의 높이까지 올라갔습니다.

Q 어린아이 같은 믿음으로 행동하는 것을 방해하는 것은 무엇입니까?

Q 어린아이와 같은 믿음이란 무엇입니까?

2. 예수님은 삭개오와 함께하기 위해 사람들의 반대를 무시하십니다(눅 19:5~7)

> *⁵예수께서 그곳에 이르사 쳐다 보시고 이르시되 삭개오야 속히 내려오라 내가 오늘 네 집에 유하여야 하겠다 하시니 ⁶급히 내려와 즐거워하며 영접하거늘 ⁷뭇 사람이 보고 수군거려 이르되 저가 죄인의 집에 유하러 들어갔도다 하더라*

먼저 말을 건넨 사람이 누구인지 보십시오. 예수님이십니다. 예수님은 이 남자를 알아보시고, 바로 그의 이름을 불러 주셨습니다. 경멸의 대상인 세리장의 이름을 말입니다. 심지어 그 배신자의 집에 거하시겠다고 말씀하셨습니다.

이 상황을 지켜본 사람들이 아연실색하는 것은 당연합니다. 누군가의 집에 머문다는 것은 그와 친분 관계에 있음을 의미하기 때문입니다. 이는 예수님이 삭개오를 '사랑'과 '용납'이라는 팔로 따뜻하게 안아 주시는 것과 같습니다. 그러나 구경꾼들의 눈에는 예수님이 악행을 일삼는 이기적인 불한당 중 한 명과 시간을 보내시는 것으로 비쳤습니다. '메시아를 자처하는 의로운 선생이 왜 하필이면 악인으로 소문난 사람과 친분을 맺고 시간을 보내려고 하는 걸까?'

Q 때로는 사람들이 예수 그리스도께 나아가는 데 기독교인들이 세운 장애물이 방해가 됩니다. 이 장애물에는 어떤 것들이 있을까요?

Q 하나님의 은혜를 도저히 받지 못할 것 같은 사람은 어떤 사람들입니까?

사람들이 수군거리며 불평하기 시작했습니다.

"저가 죄인의 집에 유하러 들어갔도다"(7절).

무리 중에 삭개오는 구원받을 만한 사람이 아니라고 생각하는 사람들이 있었음을 알 수 있습니다. 그들은 예수님이 왜 그런 사람과 시간을 보내려고 하시는지 의아해합니다. 그들은 하나님이 그런 사람을 받아 주시지도 않거니와 받아 주실 수도 없다고 생각했기 때문입니다.

그러나 이러한 이야기들은 하나님은 어떤 죄인이라도 찾아 구원하시는 분임을 알게 해 줍니다. 사실 우리도 하나님의 은혜를 무시한 채 남을 희생해서라도 자기 꿈만 추구하던 이기적인 사람이었습니다. 그러나 예수님이 우리의 이름을 불러 주시고, 주의 자녀로 맞아 주셨습니다.

우리는 만나는 모든 사람을 예수님을 구주로 영접할 수 있는 사람으로 대해야 합니다. 하나님은 종종 주님의 은혜를 받을 수 없을 것처럼 보이는 사람들에게도 다가가 예수님 안에 있는 구원의 길을 보여 주라고 말씀하십니다. 잃어버린 자들과 우정을 쌓는 것 때문에 반대에 부딪힐 수도 있습니다. 그러나 만나는 사람들에게 자기 자신과 복음을 둘 다 나누어 주었던 바울의 사역에서 교훈을 배울 수 있습니다(살전 2:8).

> *"주님은 그의 이름을 알고 계셨습니다. … 그의 이름을 어떻게 아셨을까요? 그분은 우리 모두를 아십니다. 그분은 당신의 이름을 아십니다. 당신이 어디에 사는지도 아십니다. … 당신의 가족과 집도 아십니다. … 그리고 그 마음의 굶주림과 영적 갈증을 아시고, 나무 꼭대기에 올랐던 남자와 같은 마음을 갖기를 원하십니다."[2]*
>
> _W. A. 크리스웰

Q 예수님이 삭개오와 함께하기 위해 사람들의 반대를 무시하신 것은 무엇을 의미합니까?

3. 예수님은 죄인의 회개를 기뻐하시는 구세주이십니다

(눅 19:8~10)

8삭개오가 서서 주께 여짜오되 주여 보시옵소서 내 소유의 절반을 가난한 자들에게 주겠사오며 만일 누구의 것을 속여 빼앗은 일이 있으면 네 갑절이나 갚겠나이다 9예수께서 이르시되 오늘 구원이 이 집에 이르렀으니 이 사람도 아브라함의 자손임이로다 10인자가 온 것은 잃어버린 자를 찾아 구원하려 함이니라

삭개오는 예수님을 영접하면서 사람들이 수군거리는 소리를 들었을것입니다. 그때 그가 무슨 생각을 했는지 알 수 없지만 그들의 비난이 옳다고 여겼을지도 모릅니다. 그가 세금을 강탈한 죄인인 것은 분명한 사실이기 때문입니다.

그는 누가 시키지도 않았는데, 즉각 예수님께 자기 소유의 절반을 가난한 자들에게 주겠다고 말했습니다. 그리고 만일 누구의 것을 속여 빼앗은 게 있다면, 네 배로 갚아 주겠다고 말했습니다. 자기 잘못을 깨닫고, 부당하게 얻은 재물에 대해 스스로 고백한 것입니다. 또한 빼앗은 것을 온전히 반환하겠다고 약속함으로써 회개하는 모습을 보여 주었습니다.

> "참된 믿음을 가진 사람은 하나님을 경외합니다. 나아가 가난한 이들에게 자비를 베풀며 하나님을 경외합니다."[3]
>
> _키프리아누스

Q 삭개오는 왜 자신이 강탈한 돈을 사람들에게 돌려주는 것이 중요하다고 생각했을까요?

Q 여기서 삭개오의 어떤 마음을 알 수 있습니까?

삭개오의 말에 예수님은 그의 집에 구원이 이르렀다고 말씀하심으로써 응답하셨습니다. 예수님이 세리의 구원에 관해 말씀하신 것입니다. 이는 예수님이 그를 아브라함의 자손으로 보고 계심을 보여 준다는 점에서 중요합니다.

이는 삭개오도 이스라엘 조상들과 언약 관계에 있음을 의미하는 것입니다. 그러나 예수님은 구원의 근거가 조상 아브라함에게 있지 않고, 주님께 응답하는 데 있다고 말씀하셨습니다. 구원받은 신앙은 그리스도인의 변화된 삶으로 나타납니다. 삭개오가 바로 그런 모습을 보여 주었습니다.

누가는 "인자가 온 것은 잃어버린 자를 찾아 구원하려 함이니라"(10절)라는 말씀으로 예수님과 삭개오의 대화를 마무리합니다. 이것은 누가복음의 주제이기도 합니다. 예수님은 죄에 물들어 영적으로 병든 자들을 찾아 치료하시는 위대한 의사이십니다. "그가 네 모든 죄악을 사하시며 네 모든 병을 고치시며"(시 103:3)라는 시편 말씀이 떠오릅니다. 누가복음 4장에서 말씀하신 모든 것을 성취하는 것이 예수님의 사명입니다.

예수님의 사명은 불의한 사람들을 찾아 구원하시는 것이라고 할 수 있습니다. 죄 가운데 태어나서 죄의 종이 되어 하나님과 멀어진 사람들 말입니다. 이것은 우리 모두의 모습이기도 합니다. 예수님은 사명을 성취하시고자 세상에서 소외된 자들과 자주 교제하셨습니다. 그들은 비록 세상에서 버림받았으나, 인류를 향한 하나님의 유일하신 구원 계획을 받아들인 사람들입니다.

> **핵심교리 99**
>
> **20. 은혜로우신 하나님**
>
> 하나님은 자격 없는 자에게 과분한 호의를 베푸는 것을 기뻐하는 성품을 지니셨습니다(엡 2:8~9). 죄인을 향한 주님의 은혜는 그리스도를 통해 주셨던 구원에서 가장 분명하게 드러납니다. 죄 때문에 인간은 구원받을 자격이 없습니다. 우리가 모두 하나님께 등을 돌렸으므로 결과적으로 죽어 마땅합니다(롬 6:23). 그런데도 하나님은 죄인을 죄 가운데 버려두지 않으시고, 예수님의 죽음과 부활을 통해 우리 죄를 속량하시고 용서해 주심으로써 은혜를 보여 주셨습니다(고후 5:21).

Q 고린도후서 7장 9~11절을 읽으십시오. 예수님을 만난 삭개오의 회개에서 바울이 열거한 특징 가운데 어떤 것들을 발견할 수 있습니까?

결론

하나님은 잃어버린 자를 찾아 구원하려고 예수님을 보내심으로써 자기 사랑을 나타내셨습니다. 우리가 죄 가운데 죽게 되었을 때, 예수님이 우리를 대신해 죽기 위해 오셨습니다(롬 5:8). 그리고 대속의 죽음과 장사되심과 부활을 통해 사명을 완수하셨습니다. 하나님은 죄인들이 복음을 듣고, 죄를 인정하고, 죄를 고백하며 예수님이 이루신 구원 사역을 믿는 것을 기뻐하십니다. 하나님의 은혜가 닿지 못할 만큼 멀리 떨어진 사람이란 있을 수 없습니다.

예수님을 영접한 우리는 이러한 사실을 잘 알고 있습니다. 우리는 예수님을 만난 덕분에 만나는 사람들에게 주님의 이야기를 전하고, 곤궁에 처한 사람들에게 우리의 것을 나누며 하나님께 감사를 올려 드릴 수 있습니다.

예수님처럼 우리도 주변에 삭개오 같은 사람이 있는지 돌아봐야 합니다. 주변에 삭개오 같은 사람들이 있습니까? 그들이 예수님을 만날 수 있도록 돕는 편입니까? 아니면 길을 막아서는 편입니까? 사람들에게 예수님을 보여 줄 수 있도록 성령님께 민감하게 살기를 바랍니다.

그리스도와의 연결

예수님은 잃어버린 자들을 찾아 구원하시기 위해 오셨습니다. 우리가 아직 죄인 되었을 때, 찾아오셔서 십자가에 달리심으로써 은혜로 우리를 구원하신 분입니다. 또한 우리의 진심 어린 회개를 기뻐하시는 분입니다.

**하나님의
계획**
우리의 사명

하나님은 우리에게 넘치는 관대함으로 회개를 표현하라고 말씀하십니다.

1. 예수님처럼 복음을 전하기 위해 반대를 무릅쓰고 죄인이나 소외된 자들과 함께 시간을 보낼 필요가 있을까요?

____

____

____

2. 어떻게 하면 관대함을 통해 복음을 전할 수 있을까요?

____

____

____

3. 교회/공동체가 잃어버린 자들을 찾아 그들이 자기 죄를 회개하고, 우리를 구원하기 위해 오신 예수님을 믿는 믿음으로 나아갈 수 있게 도울 수 있도록 이끌어 달라는 기도문을 써 보십시오.

____

____

____

예수님과 사귀요

*
금주의 성경 읽기
사 50~66장

appendix

신약성경에 나타난 구약성경의 말씀

아브라함의 자손 아브라함의 자손에 관한 하나님의 약속(창 12, 15, 17장)	**예수님** 아브라함의 자손(마 1:1; 갈 3:16)
다윗 그의 왕위는 영원할 것임(삼하 7장)	**예수님** 다윗의 자손, 하나님의 아들(마 1:1; 눅 1:32)
임마누엘 처녀가 잉태해 아들을 낳으리라는 징조 (사 7:14)	**우리와 함께하시는 하나님** 동정녀 마리아에게 태어나신 하나님의 아들 (마 1:18~23)
베들레헴 이스라엘을 다스릴 자가 나올 것임 (미 5:2)	**베들레헴** 메시아가 탄생하심(마 2:1~6; 눅 2:1~6)
별 야곱에게서 나올 것임, 이스라엘에서 일어날 규 (민 24:17)	**별** 유대인의 왕이 나심을 알림(마 2:1~2; 9~10)
이스라엘 애굽에서 불러내신 하나님의 아들 (출 5~14장; 호 11:1)	**예수님** 애굽에서 불러내신 하나님의 아들 (마 2:13~15)
소리 광야에서 외치는 자의 소리(사 40:3~5)	**세례 요한** 주님의 길을 예비함(마 3:1~3)
하나님의 명령 이스라엘이 순종(신 6~8장)	**하나님의 말씀** 예수님이 순종하심(마 4:1~11)
메시아 사명을 선포함(사 61:1~2)	**예수 그리스도** 말씀을 성취하심(눅 4:17~21)
놋뱀 바라보는 사람에게 임하는 하나님의 치유의 역사 (민 21:4~9)	**인자** 믿는 자들에게 영생을 주기 위해 들리심 (요 3:14~15)
법적 보상 온전한 양에 1/5 또는 4, 5배의 부가 보상 (민 5:7; 출 22:1)	**은혜의 보상** 삭개오는 자신이 속여 빼앗은 것의 네 배를 되갚음 (눅 19:8)

부록
1

예수님의 신성

선재하심	• "태초에 … 말씀이 하나님과 함께 계셨으니 이 말씀은 곧 하나님이시니라 … 만물이 그로 말미암아 지은 바 되었으니 … 말씀이 육신이 되어 우리 가운데 거하시매"(요 1:1~3, 14) • 세례 요한은 자기 뒤에 오시면서도 자기보다 앞서 계신, 예수님에 관해 증거함 (요 1:14~15)
하나님의 아들	• 성령님으로 마리아에게서 잉태되었으므로 하나님의 아들로 불리심 (마 1:18, 20; 눅 1:35) • '임마누엘'이라는 이름은 '우리와 함께하시는 하나님'을 의미함 (마 1:22~23) • 예수님이 세례를 받으시자 하늘로부터 "이는 내 사랑하는 아들이요"라는 소리가 들려옴(마 3:17) • 베드로는 성부 하나님께 감동을 받아 예수님을 "그리스도시요 살아 계신 하나님의 아들"로 선언함(마 16:15~17)
예배의 대상 예수님은 구약성경을 인용하면서 오직 주 하나님께만 경배해야 한다고 말씀하심 (마 4:10)	• 동방 박사들이 베들레헴에서 아기 예수께 경배하고 예물을 드림(마 2:9~11) • 예수님의 제자들은 바다 위로 걸어오신 예수님을 보고 그분께 경배함(마 14:33) • 예수님의 무덤을 찾은 여인들이 부활을 목격한 뒤에 예수님께 경배함(마 28:9) • 예수님이 승천하시기 전에 제자들이 산에서 예수님께 경배함(마 28:17)
구약성경의 여호와	• 세례 요한의 사명은 주 예수님의 길을 예비하는 것(마 3:1~3; 사 40:3~5) • 세례 요한은 예수님의 사람으로 그분의 길을 예비하는 하나님의 사자 (마 11:10; 말 3:1)

부록
2

선지자 예수 그리스도

'선지자'란 하나님께 부름을 받고, 그리스도의 성령에 이끌려 사람들에게 말과 (때로는) 행동으로 주님의 말씀을 전하는 사람을 가리킵니다(신 18:15~19; 눅 24:19; 벧전 1:10~12).

구약 성경에서 선지자는 어떤 사람입니까?	
말	**행동**
• 주님의 말씀을 선포함 • 주님의 말씀을 기록함 • 죄지은 자를 책망함 • 심판을 경고함 • 회개를 요청함 • 복음을 선포함 • 현재 일을 해석함 • 미래 일을 예언함	• 기적을 행함(치유 사역: 죽은 자를 일으키기도 함) • 예언적 메시지를 몸소 보여 줌
누가 선지자였습니까?	**주님의 선지자인지 어떻게 확인합니까?**

• 아브라함(창 20:7)
• 모세(신 18:15~19; 34:10; 행 7:37)
• 사무엘(삼상; 행 13:20)
• 다윗(시편; 행 2:30)
• 나단(삼하 7장; 11~12장; 왕상 1장)
• 엘리야(왕상 18:1; 눅 4:25~26)
• 엘리사(왕하 2:13~15; 눅 4:27)
• 요나(왕하 14:25; 욘 1:1; 마 12:39)
• 이사야(왕하 19:20; 사 1:1; 마 3:3)
• 예레미야(대하 36장; 렘 1:2; 마 2:17)
• 에스겔(겔 1:1~3; 고후 6:16)
• 스가랴(스 6:14; 슥 1:1; 마 21:4)
• 학개(스 6:14; 학 1:1; 히 12:26)
• 다니엘(단 1:17; 마 24:15)
• 호세아(호 1:1; 마 2:15)
• 요엘(욜 1:1; 행 2:16)
• 아모스(암 1:1~3; 행 7:42)
• 오바댜(옵 1장)
• 미가(미 1:1; 마 2:5)
• 나훔(나 1:1)
• 하박국(합 1:1; 행 13:40)
• 스바냐(습 1:1)
• 말라기(말 1:1, 마 11:10)
	• 주님의 이름으로 선포한 메시지의 성취 여부
	• 이방 신을 섬기게 하면 거짓 선지자임
	
	선지자의 메시지가 선포되는 범위는 어디까지입니까?
	
	• 주로 하나님의 백성에게 선포됨
	• 몇몇 메시지는 주변 나라들에 선포됨
	
	선지자들은 어떤 대우를 받았습니까?
	
	• 일부 선지자는 명성과 영예를 누림
	  - 모세가 죽자 모두 애도함
	  - 나단은 다윗 시대의 공인된 선지자
	  - 다니엘은 바벨론과 메데-바사 제국에서 고관이 됨
	• 대부분의 선지자는 여러 이유로 박해를 받음
	  - 모세는 백성들을 광야에서 방황하게 했다는 이유로 늘 비난받음
	  - 엘리야는 생명의 위협을 받음
	  - 예레미야는 옥에 갇힘
	  - 스가랴는 돌에 맞아 죽음

말	행동
• 회당에서 가르치시고, 복음을 선포하심(마 4:23) • 권위 있는 자로서 가르치심 "나는 너희에게 이르노니…"(마 5:22, 28; 7:29) • 메시지: "회개하라 천국이 가까이 왔느니라"(마 4:17)	• "온 갈릴리에 두루 다니사" 모든 병과 모든 약한 것을 고치심(마 4:23~24) • 나인 성 과부의 아들을 죽음에서 일으키심(눅 7:16) • 사마리아 여인의 결혼 이력을 말씀해 주심(요 4:19) • 오병이어로 오천 명을 먹이심(요 6:14) • 맹인을 고치심(요 9:17)

예수님은 무엇을 예언하셨습니까?

- 삼 일 뒤에 부활하실 것(요 2:18~22)
- 나사로를 죽음에서 일으키실 것(요 11:1~4)
- 베드로가 예수님을 부인할 것(막 14:30)
- 고난과 십자가의 못 박히심과 부활(막 8:31; 9:31; 10:33~34)
- 예루살렘 성전이 파괴될 것(마 24:1~2)
- 다시 오실 것(요 14:1~3)

예수님은 어떤 대우를 받으셨습니까?

- 어떤 이들은 예수님을 하나님의 선지자로 좋게 여김
  - 예수님을 세례 요한이나 엘리야나 예레미야나 선지자 중 한 사람으로 생각함(마 16:13~14)
  - 예수님의 가르치심을 보고, 그분을 선지자로 생각하기도 함(요 7:40)
  - 예루살렘에 입성하실 때, 무리가 예수님을 선지자로 부름(마 21:11)
  - 바리새인들은 무리가 예수님을 선지자로 믿으므로, 주님을 체포하기를 두려워함(마 21:45~46)
  - 엠마오로 가는 길에서 제자들은 예수님을 말과 행동에 능하신 선지자로 묘사함(눅 24:19)
- 어떤 이들은 예수님을 하나님의 선지자라는 이유로 핍박함
  - 고향 사람들은 예수님께 반감을 품고, 공경하기를 거절함(마 13:53~58)
  - 세상은 예수님이 하나님 아버지를 계시하는 사역을 하셨다는 이유로 그분을 미워하고 박해함(요 15:18~25)
  - 바리새인들은 갈릴리에서 선지자가 나지 못한다면서 예수님을 비난함(요 7:52)
  - 산헤드린은 예수님에 대해 거짓 증언(마 26:59~61)
  - 유대인들은 예수님을 체포하고 때리며 선지자 노릇을 해 보라고 조롱함(눅 22:63~65)
  - 원수들이 예수님을 십자가에 못 박음(요 19:17~30)

예수님은 어떻게 해서 그 선지자이십니까?

- 예수님은 하나님과 함께하신 말씀, 하나님이신 말씀, 그리고 육신이 되신 말씀이심(요 1:1~14)
- 율법은 모세로 말미암아 주어졌고, 은혜와 진리는 예수 그리스도로 말미암아 주어짐(요 1:17)
- 모세의 율법을 "너희가 들었으나"라고 말씀하셨고, 율법의 정신을 알려 주실 때는 "내가 너희에게 이르노니"라고 말씀하심(마 5~7장)
- 하나님은 구약에서는 선지자를 통해 말씀하셨지만, "이 모든 날 마지막에는" 하나님을 우리에게 계시하시는 그분의 아들을 통해 말씀하심(히 1:1~3)
- "모세와 모든 선지자"는 예수님의 오심과 고난과 십자가에 못 박히심과 부활에 관해 증언함(눅 24:26~27; 44~45)
- 모세는 예수님에 관해 기록함(요 5:45~47)
- 모세는 하나님이 임재하시면 스러질 영광을 가졌을 뿐이지만, 예수님은 곧 하나님의 영광이심(고후 3장)
- 모세는 주님이 선지자를 세우실 것이니 그분의 말을 들어야 한다고 예언했는데 그 선지자는 바로 예수님이심(행 3:22)

> 오래전에 모세는 성령님의 감동을 받아 선지자가 오실 것을 예언했습니다. 그분은 모세 자신과 같은 이로서 하나님의 백성은 그분의 말씀을 들어야 한다고 말했습니다. 이 선지자는 하나님의 말씀을 하며 하나님께 온전히 순종할 것입니다. 주님은 선지자의 말씀을 듣지 않는 사람들에게 책임을 물으실 것입니다(신 18:15~19). 예수님만이 최고의 선생이시며 영생의 말씀을 가지고 계십니다(요 6:68). 또한 그분은 궁극적으로 하나님 자신을 계시하십니다(히 1:3). 하나님의 말씀에 순종하시며, 하나님의 말씀을 전하실 뿐만 아니라 곧 하나님의 말씀이십니다. 예수님은 우리가 죄에서 구원받고 전능하신 하나님의 평안 가운데 살도록 우리를 회개와 신앙으로 부르시는 하나님의 선지자이십니다.

성령님의 사역

구약성경	예수 그리스도	신약성경
하나님의 말씀을 수행하기 위해 하나님의 영(성령)이 수면 위에 **운행하심**(창 1:2~3; 시 33:6)	마리아를 **덮으셔서** 하나님의 아들이라 불리게 될 아들을 기적적으로 잉태하게 하심 (눅 1:30~35)	새로운 피조물이 받는 첫 열매로 믿는 자들 안에 **거하심** (롬 8:22~25)
하나님의 백성을 인도하고 섬기도록 사람들에게 **기름 부으심** (출 35:30~35; 삼상 16:13)	예수님이 세례받으실 때 비둘기 같은 형체로 내려오심. 예수님을 하나님의 아들로 **기름 부으시고** 메시아 사역을 감당하게 하심 (마 3:16~17; 눅 4:14~21)	하나님의 자녀임을 증언하시고, 그들에게 **은사를 주사** 그리스도의 몸을 인도하고 섬기게 하심 (롬 8:14~17; 고전 12장)
이스라엘 백성을 낮추고 시험하기 위해 40년 동안 광야로 **인도하심**(신 8:2)	사십 일을 주야로 금식하신 예수님을 사탄의 시험이 있는 광야로 **인도하심**(마 4:1)	예수님의 제자들이 지상 최고의 명령을 수행하도록 그들을 **인도하심**(마 10:16~20; 행 1:8)
하나님의 백성이 **변화되고** 하나님의 율법에 순종하도록 그들과 함께 거하시기로 약속됨 (겔 36:25~27)	예수님이 성령님으로 세례를 주셔서 제자들이 **변화됨**(마 3:11)	하나님 나라에 들어갈 수 있도록 **거듭나게 하심** (요 3:3~8, 34; 딛 3:4~7)

세례 요한의 생애

구약의 예언

이사야

- 외치는 자의 소리(사 40:3~5; 마 3:3)
  - "광야에 외치는 자의 소리가 있어 이르되 너희는 주의 길을 준비하라"

말라기

- 주의 사자(말 3:1; 마 11:10)
  - "네(주의) 길을 네(주) 앞에 준비하리라"
- 엘리야 선지자(말 4:5; 마 11:14; 17:11~13)
  - "여호와의 크고 두려운 날이 이르기 전에 보내리니"

신약의 예언

가브리엘 천사

- 자녀가 없는 노부부, 스가랴와 엘리사벳에게 '요한'이라는 이름의 아들을 약속함(눅 1:11~17)
  - "모태로부터 성령의 충만함을 받아"
  - "엘리야의 심령과 능력으로 주 앞에 먼저 와서"
  - "주를 위하여 세운 백성을 준비하리라"

태중에서

- "엘리사벳이 (그리스도를 잉태한) 마리아가 문안함을 들으매 아이가 복중에서 뛰노는지라"(눅 1:41~45)

광야에서

- "아이가 자라며 심령이 강하여지며…"(눅 1:80), 광야에서 살며 "낙타털 옷을 입고 허리에 가죽 띠를 띠고 음식은 메뚜기와 석청이었더라"(마 3:4)
- 광야에서 설교함(마 3:1~2)
  - "회개하라 천국이 가까이 왔느니라"
- "사방에서 다 그에게 나아와 자기들의 죄를 자복하고 요단강에서 그에게 세례를 받더니"(마 3:5~6)

- 바리새인과 사두개인의 위선을 정면으로 반박함(마 3:7~10)
- 성령님으로 세례를 베푸실 분이 오실 것을 증언함(마 3:11~12)
- 모든 의를 이루기 위해 예수님께 세례를 베풂(마 3:13~17)
- 세상 죄를 지고 가는 하나님의 어린양의 선재하심과 지고의 가치에 관해 증언함(요 1장)

감옥에서

- 동생의 부인을 취한 헤롯을 비판했다는 이유로 잡혀서 옥에 갇힘(마 4:12; 14:3~4)
- 옥에 수감되었을 때 의구심이 들어 예수님께 제자들을 보내 "오실 그이가 당신이오니이까" 하고 질문함(마 11:2~6)
- 아내와 딸의 요청을 받아들여 헤롯이 세례 요한을 참수함(마 14:6~11)
- 제자들에게 장사됨(마 14:12)

부록
5

그는 흥하여야 하겠고, 나는 쇠하여야 하리라

예수님은 세례 요한을 두고, "여자가 낳은 자 중에 요한보다 큰 자가 없도다"라고 묘사하셨지만, 하나님 나라에서는 가장 작은 자도 그보다는 큽니다. 세례 요한은 빛이신 예수님을 증거하기 위해 하나님이 보내신 자입니다. 그는 주님의 길을 예비하고, 사람들에게 죄 사함을 통한 구원에 관해 가르쳤던 지극히 높으신 이의 선지자였습니다. 그는 회개를 위해 물로 세례를 주었으나, 성령님으로 세례를 주실 분, 자기 뒤에 오실 크신 그분에 관해 계속 이야기했습니다. 세례 요한은 신랑의 친구로서 신랑이신 예수님의 오심에 크게 기뻐했습니다. 그는 겸손한 자세로 회개에 관해 설교하면서 사람들에게 세상 죄를 지고 가는 하나님의 어린양을 알려 주었습니다.

누가 죄인인가?

'죄인'에 대한 바리새인들의 개념

복음서에 의하면 바리새인들은 '죄인'에 대한 개념을 아주 폭넓게 적용했습니다. 그들은 자신들이 지키는 것처럼 유대 율법을 지키지 않는다면 누구라도 죄인으로 여겼습니다. 이방인들뿐만 아니라 구전되는 장로들의 규례와 전통을 엄격하게 지키지 않는 유대인들까지 죄인으로 취급했습니다(막 7:1~5; 마 15:1~2, 12). 심지어 교육을 받지 못해 율법에 대해 무지할 수밖에 없었던 사람들에 대해서도 용납의 여지가 없었습니다.

또한 종교적인 엘리트 집단이었던 바리새인들은 종교적 관점에서 멸시하고 천시하던 특정 사업이나 교역에 관련된 사람들을 묘사할 때 '죄인'이라는 용어를 사용했던 것으로 보입니다. 세리와 창녀가 그 대표적인 예입니다(마 11:19; 21:31). 세리는 당시 로마 지배 아래 과중한 세금 징수를 하고 부당 이득을 취득한다 해서 죄인으로 낙인찍혔고, 창녀를 비롯해 부도덕하고 부정직하게 사업했던 사람들이 죄인으로 정죄되었습니다. 바리새인들의 이러한 죄인 개념은 당시 많은 유대 사회에 광범위하게 퍼지고 공감을 얻었습니다.

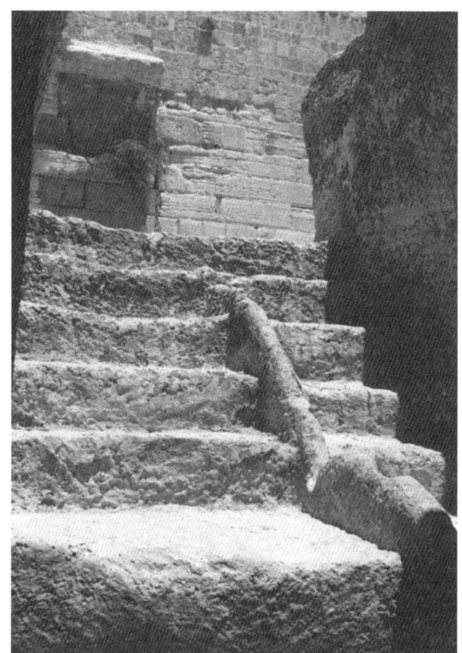

예수님과 죄인들

예수님은 바리새인들이 죄인으로 정죄했던 사람들을 가까이하셨습니다. 또한 예수님께 다가왔던 사람들도 그런 사람들이었습니다. 그래서 바리새인들은 예수님을 못마땅하게 여기고 공회에 고발까지 했습니다. 바리새인들의 규례와 법도에 의하면 세리, 죄인들과 함께 식사하는 것도 매우 혐오스러운 죄였습니다. 이 때문에 예수님은 '죄인들의 친구'라는 조롱까지 받으셨습니다.

또한 예수님은 바리새인들이 부정하다고 보고 심판받아 마땅하다고 정죄한 지체 장애인을 비롯해 각종 질병으로 고통받는 사람들을 부르시고 그들에게 치유와 구원을 베푸셨습니다. 예수님은 삶의 문제로 지치고 힘든 사람들, 사회에서 거절당하고 인권을 박탈당한 이들을 초청하시고 이들에게 쉼을 주시겠다고 말씀하셨습니다(마 11:28). 또한 병든 자에게 의사가 필요하다며 죄인들을 부르러 왔다고 말씀하셨습니다(마 9:12~13).

이러한 사람들은 자신이 진정 죄인임을 알고 있었습니다. 그렇기 때문에 그들은 자신에게 구원자가 필요하다는 사실도 깨달을 수 있었습니다(눅 18:13; 15:21).

예수님이 말씀하시는 죄인

예수님이 바리새인들과 죄인의 정의에 대한 의견을 나눌 때 나타나는 역설이 있습니다. 바리새인들은 자기 자신은 영적으로 건강하고 의사가 필요 없는 상태라고 생각했지만, 예수님이 보시기에 그들은 자기기만에 빠진 사람들이었습니다(마 9:9~13; 비교, 요 9:39~41). 예수님은 이렇게 자기기만에 빠진 바리새인들을 가차 없이 비판하셨습니다. 예수님은 그들을 '위선자들', '눈먼 안내자들', '회칠한 무덤들', '독사의 자식들'이라고 부르셨습니다(마 23:13, 16, 27, 33). 그리고 그들은 겉은 깨끗하나 안은 탐욕과 방탕이 가득한 잔과 대접 같다고 말씀하셨습니다(마 23:25). 그래서 바리새인들은 하나님 나라에 들어갈 수 없지만,

그들이 죄인이라고 부르던 사람들은 하나님 나라에 들어가게 될 것이라고 선포하셨습니다(마 21:31~32).

또한 예수님은 자신의 삶과 사역을 통해 실현되는 하나님의 사역을 대적하는 이들을 죄인이라고 말씀하셨습니다. 십자가 고난을 앞두고 예수님은 자신을 붙잡으러 오는 "대제사장들과 백성의 장로들에게서 파송된 큰 무리"를 죄인이라고 부르셨습니다(마 26:45, 47; 예수님은 '죄인'의 손에 팔릴 것이라고 말씀하셨는데, 헬라어 성경에는 '죄인들'이라는 복수형으로 기록되어 있습니다. 가룟 유다만이 아니라 대제사장들과 백성의 장로들과 그들이 파송한 무리 모두 죄인에 포함되는 것으로 보입니다 - 역주). 이 무리를 죄인으로 부르신 것은 "음란하고 죄 많은 세대"라고 말씀하신 것과 유사합니다(막 8:38; 비교, 마 11:20~24).

예수님에게 있어서 죄인이란 종교적인 규례를 지키지 않는 사람이 아니라 하나님의 뜻과 그분의 사역에 대적하는 사람들입니다. 따라서 누구든지 삶의 배경에 상관없이 회개하고 예수님을 따르기로 헌신한 사람이 바로 예수님의 제자가 됩니다. 하나님의 자비가 미치지 않는 사람은 아무도 없습니다. 이러한 사실이 비록 계파주의 유대인들의 삶의 방식과 조직에 위협이 된다 할지라도 이것은 바로 예수님이 오셔서 전하신 복음의 진수입니다.

때문에 조나단 에드워즈는 하나님의 자비 때문에 우리가 불타는 못에 떨어지는 형벌을 받지 않게 되었다는 것을 분명히 지적했습니다. 그리스도께서는 우리를 회개하고 죄악 된 행실로부터 돌이키도록 하시기 위해 부르셨습니다. 그리고 놀랍게도 배경과 과거의 삶과는 상관없이 믿음 안에서 예수님을 찾는 모든 사람을 받아주시기 위해 오늘도 그 자리에 서 계십니다.

*＊위 내용은 캐나다 남침례신학교의 신약학 교수 스티브 부스 박사의 글
"누가 죄인이었는가?"(Who Were the "Sinners"?) 중 일부분을 번역한 것입니다.*

Session 1

1. N. T. Wright, *Matthew for Everyone, Part 1* (Louisville: Westminster John Knox Press, 2013) [WORDsearch].
2. James Montgomery, "Hail to the Lord's Anointed" (1821), Hymnary.org [online; cited 22 July 2016]. Available from the Internet: *www.hymnary.org*.
3. David Platt, *Christ-Centered Exposition: Exalting Jesus in Matthew* (Nashville: B&H, 2014) [WORDsearch].

Session 2

1. Scot McKnight, *The Real Mary* (Brewster, MA: Paraclete Press, 2007), 6.
2. Oswald Chambers, in *The Quotable Oswald Chambers*, comp. and ed. David McCasland (Grand Rapids: Oswald Chambers Publications Association, 2008) [eBook].
3. N. T. Wright, *Luke for Everyone* (Louisville: Westminster John Knox Press, 2004) [eBook].
4. Takatemjen, "Luke," in *South Asia Bible Commentary*, ed. Brian Wintle (Grand Rapids: Zondervan, 2015) [eBook].

Session 3

1. Jerome, *On the Nativity of the Lord*, quoted in *Luke*, ed. Arthur A. Just Jr., vol. III in *Ancient Christian Commentary on Scripture: New Testament* (Downers Grove: IVP, 2003), 39.
2. John R. W. Stott, *The Incomparable Christ* (Downers Grove: IVP, 2001), 37.
3. Skye Jethani, *With* (Nashville: Thomas Nelson, 2011), 97.
4. David Platt, *Christ-Centered Exposition: Exalting Jesus in Matthew* [WORDsearch].

Session 4

1. Paul John Isaak, "Luke," in *Africa Bible Commentary*, ed. Tokunboh Adeyemo (Grand Rapids: Zondervan, 2010) [eBook].
2. Charles Spurgeon, "Christ About His Father's Business," in *The Complete Works of C. H. Spurgeon*, vol. 3 (United States: Delmarva Publications, 2013) [eBook].
3. Marva J. Dawn, *To Walk and Not Faint* (Grand Rapids: Eerdmans, 1997), 48.

Session 5

1. Matthew Henry, *Commentary on the Whole Bible* (Hutto, TX: WORDsearch, 2012), [WORDsearch].
2. Chrysostom, *Homilies on the Gospel of Matthew*, 10.3, quoted in *Matthew 1-13*, ed. Manlio Simonetti, vol. Ia in *Ancient Christian Commentary on Scripture: New Testament* (Downers Grove: IVP, 2014) [WORDsearch].
3. Tim Stafford, *Surprised by Jesus* (Downers Grove: IVP, 2006), 40.

Session 6

1. Oswald Chambers, in *The Quotable Oswald Chambers*, comp. and ed. David McCasland [eBook].
2. Thomas Watson, "To Think Why You Are Tempted Is a Comfort," *A Puritan Golden Treasury* [online], 2016 [cited 2 August 2016]. Available from the Internet: *thomaswatsonquotes.com*.
3. Adrian Rogers, "How Can I Overcome Temptation?" Love Worth Finding [online], 1 July 2015 [cited 2 August 2016]. Available from the Internet: *www.lwf.org*.
4. Matt Chandler, "Luke-Part 11: Temptation 2000 Years Later," The Village Church [online], 20 January 2008 [cited 2 August 2016]. Available from the Internet: *www.thevillagechurch.net*.

Session 7

1. Ted Traylor, *The Eight Callings of God* (Bradenton, FL: Outcome Publishing, 2009), 118.
2. Roy B. Zuck, in *The Speaker's Quote Book*, by Roy B. Zuck (Grand Rapids: Kregel, 2009), 424.
3. Gregory the Great, *Forty Gospel Homilies, 5.2*, quoted in *Matthew 1-13*, ed. Manlio Simonetti, vol. Ia in *Ancient Christian Commentary on Scripture: New Testament*, 73.

주 / 2

Session 8

1. Basil, *On the Holy Spirit*, 15.35-36, quoted in *We Believe in the One Holy Catholic and Apostolic Church*, ed. Angelo Di Berardino, vol. 5 in *Ancient Christian Doctrine* (Downers Grove: IVP, 2010), 104.
2. Charles Spurgeon, in *The Essential Works of Charles Spurgeon*, ed. Daniel Partner (Uhrichsville, OH: Barbour, 2009) [eBook].
3. Henry T. Blackaby and Richard Blackaby, *Experiencing God Day By Day: Devotional* (Nashville: B&H, 2006), 212. 《매일 아침 하나님을 경험하는 삶 365》(두란노서원, 2009), 203.

Session 9

1. John Piper, "The Father Has Given All Things into Jesus' Hands," Desiring God [online], 31 May 2009 [cited 11 July 2016]. Available from the Internet: *www.desiringgod.org*.
2. John Wesley, *John and Charles Wesley: Selected Writings and Hymns*, ed. Frank Whaling (Mahwah, NJ: Paulist Press, 1981), 139.
3. Augustine, *Sermon*, 288.2, quoted in *John 1-10*, ed. Joel C. Elowsky, vol. IVa in *Ancient Christian Commentary on Scripture: New Testament* (Downers Grove: IVP, 2006), 134.
4. Christopher J. H. Wright, *The Mission of God* (Downers Grove: IVP, 2006), 66-67.

Session 10

1. A. W. Tozer, in *Tozer on Worship and Entertainment*, comp. James L. Snyder (Camp Hill, PA: Wing Spread Publishers, 2006) [eBook].
2. Scotty Smith, in *Gospel Transformation Bible* (Wheaton: Crossway, 2013), 1414, n. 4:39-43.

Session 11

1. Paul John Isaak, "John," in *Africa Bible Commentary*, ed. Tokunboh Adeyemo [eBook].
2. Keith Whitfield, "Jesus' Teaching," *The Gospel Project: Adult Leader Guide* (Spring 2013): 25.
3. C. S. Lewis, *Mere Christianity* (New York: HarperOne, 1980), 52.
4. Frank Viola and Leonard Sweet, *Jesus: A Theography* (Nashville: Thomas Nelson, 2012), 155-56.

Session 12

1. Augustine, *Sermon*, 174.3, quoted in *Luke*, ed. Arthur A. Just Jr., vol. III in *Ancient Christian Commentary on Scripture: New Testament*, 290.
2. W. A. Criswell, "Zacchaeus Come Down," Criswell Sermon Library [online], 27 July 1969 [cited 15 July 2016]. Available from the Internet: *dev.wacriswell.com*.
3. Cyprian, *Works and Almsgiving*, 8, quoted in *Luke*, ed. Arthur A. Just Jr., vol. III in *Ancient Christian Commentary on Scripture: New Testament*, 292.